HISTOIRE
ROMAINE
DE CAIUS VELLEIUS PATERCULUS

TRADUITE

PAR M. DESPRÉS

ANCIEN CONSEILLER DE L'UNIVERSITÉ.

PREMIÈRE PARTIE.

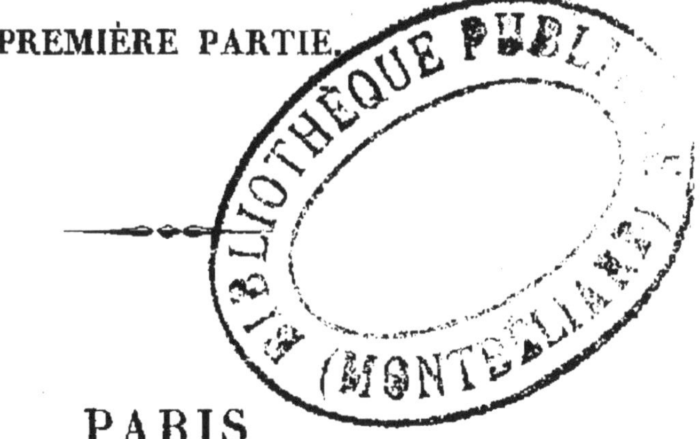

PARIS

C. L. F. PANCKOUCKE, ÉDITEUR

Rue des Poitevins, n°. 14.

M DCCC XXV.

HISTOIRE

ROMAINE

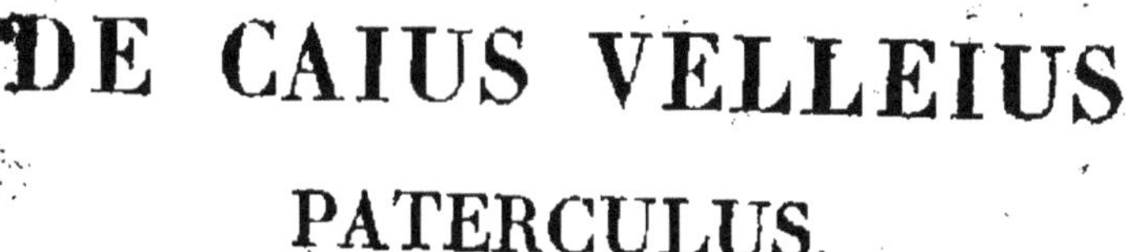

DE CAIUS VELLEIUS

PATERCULUS.

IMPRIMERIE DE C. L. F. PANCKOUCKE,
RUE DES POITEVINS, N°. 14.

SUR

VELLEIUS PATERCULUS.

Adrien Baillet, qui ne composait guère que de gros livres, se déchaîne contre les épitomes. Quelle eût été sa douleur, s'il eût pu croire que le temps réduirait inévitablement à des abrégés, les *in-folio* qu'il écrivait, et beaucoup d'autres! Il me semble le voir (pour me servir de l'ingénieuse comparaison d'un académicien), s'affliger comme Xerxès, lorsqu'à l'aspect d'une immense armée, le *grand roi* pensa, les larmes aux yeux, que, dans cent ans, un seul de ces hommes n'existerait pas.

Il est inutile de répondre à des reproches assez injustes, faits aux abrégés, par des écrivains plus imposans qu'Adrien Baillet, et par Bacon lui-même [1]. Le *Discours sur l'histoire universelle*, qui n'est qu'un abrégé sublime, et le livre utile du président Hénault en sont l'apologie.

L'abrégé de Paterculus devait être perdu pour nous, puisque l'ouvrage et l'auteur furent proscrits à la fois, après la mort de Séjan. Retrouvé dans l'abbaye de Murbach, au commencement du seizième siècle, multiplié par plus de soixante éditions, depuis celle de Rhenanus (en 1550), jusqu'à l'édition de M. Lemaire, sans contredit, la meilleure de toutes, Velleius a pris, au nombre des classiques, le rang qui lui convient, quoiqu'il ne doive sa réputation qu'aux jugemens des modernes. Le silence de Quintilien, à son égard, est inexplicable; car, il est difficile de croire qu'il ne le connût point. Flattait-il l'opinion publique, en se taisant sur un adulateur de Tibère? mais, en vérité, Tibère était presque un bon prince, à côté de plusieurs de ses successeurs, dont Rome avait subi la domination; de Caligula, de Néron, de Domitius que ce même Quintilien a loué sans pudeur.

La vie de Paterculus n'offre rien de très-intéressant. Il servit d'abord en qualité de tribun des soldats, commanda la cavalerie sous Tibère,

1. *Verulam, de augm. scienc.*, lib. II, cap. 6.

fut nommé questeur, tribun du peuple, et touchait au consulat[1], lorsqu'il périt, enveloppé dans la disgrace de Séjan, l'an de Rome 784. Cette mort prématurée nous a privés de sa grande histoire, à laquelle l'abrégé qu'il a donné n'était qu'une préparation et dont il parle fréquemment. Au reste, cette grande histoire n'était peut-être qu'un projet : peut-être Velleius ne l'annonçait-il, que pour se rendre agréable à Tibère.

Son abrégé s'ouvre par une lacune; et ce qui manque est d'autant plus à regretter, que l'historien remontant sans doute aux temps qui précédèrent la prise de Troye, nous montrait les différens états se formant les uns des autres, et nous faisait connaître, en quelque sorte, la parenté des peuples.

On a fait à Velleius des reproches assez graves. Réfutons ceux qu'il n'a pas mérités.

Un de ses commentateurs l'accuse de rapporter les faits d'une manière incomplète, vague et désordonnée : *desultoriam, vagamque Velleii narrationem libenter accusaverim.*

Cette critique est déraisonnable. Peut-on être

1. Quelques-uns ont prétendu qu'il y parvint; mais son nom n'est pas inscrit dans les fastes consulaires.

complet, dans un abrégé? peut-on y lier les faits, comme dans une histoire étendue? La nécessité de courir de l'un à l'autre, ne force-t-elle pas l'auteur de négliger les faits intermédiaires, d'indiquer seulement ce qu'il ne peut décrire? Enfin, est-ce un mérite, que de raconter, dans leur intégrité, des choses à peu près indifférentes, et qu'on peut ignorer tranquillement?

Une accusation bien plus sérieuse s'élève contre Velleius. « La plus offensante partialité, « dit-on, règne dans toutes les parties de son « ouvrage, et la flatterie dont sa plume est in- « fectée, ne lui permet jamais d'être sincère. »

Il me semble qu'au moins cette inculpation ne devrait porter que sur les temps qui suivirent le meurtre de César. Jusque là Paterculus est un historien impartial, fidèle et sage. Il ne parle des vieux Romains qu'avec vénération. Il met les vertus au dessus des talens et de la gloire. Il flétrit les Marius, les Sylla, les Clodius. Il appelle Cicéron *le premier des hommes :* et remarquons que c'est sous le règne de Tibère, qu'il parle ainsi d'un républicain, et dans un temps où Cremutius Cordus était devenu criminel de lèze-majesté, pour avoir traité de *Romains*, Brutus et Cassius. Il est trop vrai, qu'après la bataille d'Actium, le champ de l'histoire semble se rétrécir sous sa plume. Il n'écrit plus que pour louer Auguste et Tibère.

J'aimerais à ne lui laisser que les torts dont il n'est ni facile, ni même permis de disculper sa mémoire. « Car, nous ne traduisons un auteur, « dit Middleton, que parce qu'il a pour nous un « attrait particulier. Il faut que nos lecteurs s'at- « tendent à quelques préventions, de notre part; « il est même juste qu'ils s'y prêtent, et qu'ils « nous permettent de nous aveugler un peu sur « ce qui les offense, ou de couvrir, autant qu'il « est possible, ce que nous voudrions leur dé- « rober. »

Oui, sans doute Velleius brûle un encens fastidieux sur l'autel d'Auguste et même de Livie. Mais, cet autel, Rome entière ne l'avait-elle pas dressé par les mains du sénat? Auguste n'avait-il pas un temple, des prêtres, des hymnes, des sacrifices? L'amour des Romains n'était-il pas une idolâtrie? Demandons-nous à nous-mêmes, et surtout à l'époque heureuse où nous sommes, s'il était aisé qu'un peuple, à peine convalescent des maux de la guerre civile et de la guerre étrangère, retrouvât, sans transports, la paix, l'abondance, et les douceurs d'un gouvernement tranquille?

Ce n'est point par l'exemple des poètes de la

cour d'Auguste, qu'on peut justifier un historien adulateur. Horace et Virgile, il faut en convenir, nous paraissent insensés, quand l'un affecte de prendre Auguste pour Apollon, ou Mercure, déguisé sous ses traits[1]; quand l'autre lui propose le trident de Neptune, ou le trône de Jupiter[2]. Mais enfin, ces démences poétiques servent à nous prouver que rien de ce qui louait Auguste ne semblait excessif; et si les mêmes sentimens n'eussent pas été répandus au delà de la capitale, et dans les campagnes, Virgile eût-il mis ce vers dans la bouche de Tytire?

O Melibœe, Deus nobis hæc otia fecit.

Mais comment pardonner au panégyriste de Tibère?

Il en coûte à penser qu'un homme tel que Velleius, tel qu'il se peint dans ses nobles emportemens contre la corruption des Romains, a pu dégrader jusque là son esprit, son caractère et son talent. Observons cependant que toute la jeunesse de Tibère fut honorable, et que c'est la jeunesse de ce prince que Velleius comble de louanges. Tibère étouffait sans doute sous le voile

1. Ode II, liv. I.
2. *Georgiq.*, liv. I.

d'une dissimulation profonde, les vices dont son âme était pleine et qui n'attendaient que le trône, pour s'y déployer. Mais les prémices de son gouvernement firent tout espérer de sa modération, de son humanité, de sa justice : c'est un hommage que lui rend Tacite, lors même qu'il se prépare à peindre, d'une autre couleur, les suites de ce règne affreux, et qu'il réserve à l'image de la tyrannie, des coups de pinceau si terribles[1]. Tibère ne devint un monstre, qu'après quelques années d'hypocrisie. Je me plais à croire que Velleius eût brûlé son livre.

Au reste, voilà le malheur et le danger d'écrire l'histoire contemporaine, en présence du pouvoir qu'il faut ménager ou flatter. Qu'alors, un écrivain est loin de cette position indépendante, justement regardée comme une condition nécessaire du rôle d'historien, et qui le place au dessus de la crainte et de l'espérance, ces deux mobiles puissans de toutes les déterminations humaines !

Paterculus n'est pas sur la ligne des historiens de l'antiquité, que de grandes compositions modernes n'ont pas dépossédés du premier rang :

1. *Erogandæ per honesta pecuniæ cupiens; quam virtutem diu retinuit, quum cæteras exueret.*

TACITE.

mais on peut dire qu'il les suit d'assez près. Sa narration est vive, pressante, animée de tous les sentimens qu'il éprouve. Il s'indigne d'avance de ce qui doit indigner ses lecteurs.

Ainsi que Salluste, il excelle à peindre les hommes éminens et surtout les grands acteurs des discordes civiles. Si Velleius n'a pas la touche vigoureuse du peintre de Catilina, son coloris est plus éclatant. « Mais peut-être, dit très-bien un « écrivain spirituel [1], en est-il des portraits tracés « par l'histoire, commes des portraits tracés par « la peinture. La perfection n'en est pas toujours « dans les détails, et le peintre le plus habile « n'est pas celui qui peut saisir fidèlement la res- « semblance d'une figure isolée; mais celui qui, « d'un seul trait, peut jeter, au milieu d'un vaste « tableau, l'image vive des personnages qu'il fait, « pour ainsi dire, mouvoir sous ses couleurs. »

On est frappé, dans Velleius, d'une foule de pensées heureuses et d'aperçus pleins d'esprit et de philosophie. Tantôt il les mêle à son récit sans en interrompre la marche; tantôt il les réserve pour la fin de ses chapitres, comme des résumés lumineux et rapides.

1. M. Laurentie, *Études morales et littéraires sur les historiens latins.*

Ce qui distingue encore Velleius, c'est cette critique, si nécessaire et pourtant si rare, cette appréciation éclairée des faits et des autorités, qui détermine les degrés de croyance que les uns et les autres méritent, et sans laquelle l'histoire n'est qu'un amas d'incertitudes ou de mensonges.

C'était encore appartenir au siècle d'Auguste, que d'écrire sous Tibère. Cependant, des interprètes et des commentateurs ont attaqué le style de Paterculus, et sa latinité. Plusieurs ont prétendu qu'à force d'éloignement pour les tournures ordinaires, et de recherche dans l'emploi des mots, sa pensée s'enveloppe de nuages qui la rendent impénétrable.

Il serait juste d'accuser d'abord les copistes[1] d'une partie des fautes qu'on est tenté de lui reprocher : et, quant à ce raffinement dans l'emploi des mots, tout en avouant que Velleius n'est pas innocent d'une sorte d'affectation à cet égard, il eût fallu dire que s'il présente quelquefois un sens douteux, il n'est jamais *impénétrable*. Quelques-uns attribuent l'obscurité de certains passages à l'effort continuel de l'auteur, pour imiter

1. ..... *Pars, incuria librarii, quum unus Codex supersit excusari potest.* (Lemaire, *Dissert. edit. de Velleio*, p. XXV.)

Salluste, dont il n'a, disent-ils, ni la rapidité, ni l'énergie.

Selon d'autres, cette brusque précision n'est pas le caractère dominant du style de Velleius; ils se plaignent, au contraire, de ses rédondances, de ses longues périodes, de ses constructions embarrassées.

On a repris, dans sa diction, des ellipses hardies que la poésie seule autorise, et des tours grecs qu'une latinité pure a très-rarement admis.

On le loue de ce qu'il a rangé les faits importans, sous des dates; mais on condamne l'usage fréquent qu'il a fait des adverbes dubitatifs *pene*, *circiter*, qui donnent une apparence d'inexactitude à sa chronologie.

En vengeant Paterculus des censures injustes, ou du moins exagérées, qu'il me soit permis de reconnaître à mon tour : 1° qu'il n'est pas exempt de bel esprit, de pensées dont on peut contester la justesse, de traits peu naturels et même forcés, que le goût n'avoue pas toujours. J'en citerais plus d'un exemple;

2°. Qu'il se sert, avec prédilection, de certains mots, qu'il n'emploie pas toujours dans le même sens; et certes, rien n'est plus pénible pour celui qui le traduit en français, c'est-à-dire, *dans celle de toutes les langues dont les expressions portent le moins au delà de ce qu'elles disent, et qui, pour la même raison qu'elle a la netteté suprême en partage, tient pour mal dit tout ce qui peut ne s'entendre pas, ou pourrait s'entendre mieux*[1].

Je dirai peu de chose de ma version; le lecteur en jugera. Si le texte mis en regard est un délateur continuel des infidélités d'une traduction, il est tout à l'avantage de celui qui s'est efforcé de mieux faire, lorsqu'il a réussi.

Je n'ai traduit Velleius, que parce que la traduction de l'abbé Paul ne m'a pas semblé décourageante. Au reste, il me conviendrait mal d'en médire, car j'en ai profité.

1. Saint-Réal, *Lettres de Cicéron.*

HISTOIRE ROMAINE

DE CAIUS VELLEIUS

PATERCULUS.

CAII

VELLEII PATERCULI

HISTORIA ROMANA.

LIBER PRIMUS.

..... I. Epeus, tempestate distractus a duce suo Nestore, Metapontum condidit. Teucer non receptus a patre Telamone, ob segnitiam non vindicatæ fratris injuriæ, Cyprum appulsus, cognomine patriæ suæ Salamina constituit. Pyrrhus, Achillis filius, Epirum occupavit; Phidippus Ephyram in Thesprotia. At rex regum Agamemnon, tempestate in Cretam insulam rejectus, tres ibi urbes

HISTOIRE ROMAINE

DE CAIUS VELLEIUS

PATERCULUS.

LIVRE PREMIER.

..... I. Epeus[1], séparé par la tempête, de Nestor son chef, bâtit Métaponte. Teucer, chassé des états de Telamon son père, pour avoir laissé sans vengeance l'affront fait à son frère Ajax[2], alla fonder, dans l'île de Chypre, une autre Salamine. Pyrrhus, fils d'Achille, s'empara de l'Épire. Phidippus se saisit d'Éphyre, dans la Thesprotie. Agamemnon, le roi des rois, jeté dans l'île de Crète, y construisit trois villes : il appela les deux premières *Mycènes* et *Tégée*, du nom de deux

statuit, duas a patriæ nomine, unam a victoriæ memoria, Mycenas, Tegeam, Pergamum. Idem mox scelere patruelis fratris Ægisthi, hereditarium exercentis in eum odium, et facinore uxoris oppressus, occiditur. Regni potitur Ægisthus per annos VII. Hunc Orestes, matremque, socia consiliorum omnium sorore Electra, virilis animi fœmina, obtruncat. Factum ejus a diis comprobatum, spatio vitæ et felicitate imperii apparuit. Quippe vixit annis XC, regnavit LXX. Qui se etiam a Pyrrho, Achillis filio, virtute vindicavit. Nam quod pactæ ejus, Menelai atque Helenæ filiæ Hermiones nuptias occupaverat, Delphis eum interfecit.

Per hæc tempora, Lydus et Tyrrhenus fratres, cum regnarent in Lidya, sterilitate frugum compulsi, sortiti sunt, uter cum parte multitudinis patria decederet. Sors Tyrrhenum contigit. Pervectus in Italiam, et loco, et incolis, et mari nobile ac perpetuum a se nomen dedit.

villes du Péloponèse, sa patrie; la troisième reçut le nom de *Pergame*, en mémoire de la ruine de Troye. Peu de temps après il périt, livré par sa perfide épouse au poignard d'Égyste, fils de Thyeste, son frère, héritier de toute la fureur de celui-ci contre les Atrides. Égyste usurpa le trône de Mycènes; il en jouissait depuis sept ans, lorsqu'Oreste, aidé de sa sœur Électre, princesse d'une âme virile, immola le meurtrier de son père et la reine complice de ses forfaits. Il parut que les dieux approuvaient l'action d'Oreste [3], puisqu'ils accordèrent à ce prince des prospérités et de longs jours. Son règne fut de soixante et dix ans, et sa vie, de quatre vingt-dix. Pyrrhus, fils d'Achille, était devenu l'époux d'Hermione, fille de Ménélas et d'Hélène. Oreste, à qui cette princesse avait été promise, se vengea de cette injure, en tuant Pyrrhus dans le temple de Delphes.

En ce même temps, deux frères (Lydus et Tyrrhenus) gouvernaient la Lydie; leur pays fut frappé d'une telle stérilité, qu'il fallut qu'un des deux consentît à s'expatrier, avec une partie de la population. Ils consultèrent le sort, qui tomba sur Tyrrhenus. Ce prince partit et fit voile vers l'Italie. La contrée qui le reçut, le peuple qui l'habitait, la mer qui la baigne, prirent son nom, illustre à jamais.

Post Orestis interitum, filii ejus, Penthilus et Tisamenus, regnavere triennio.

II. Tum, fere anno LXXX post Trojam captam, CXX quam Hercules ad deos excesserat, Pelopis progenies, quæ omni hoc tempore, pulsis Heraclidis, Peloponesi imperium obtinuerat, ab Herculis progenie expellitur. Duces recuperandi imperii fuere, Temenus, Cresphontes, Aristodemus, quorum abavus fuerat.

Eodem fere tempore, Athenæ sub regibus esse desierunt. Quarum ultimus rex fuit Codrus, Melanthi filius, vir non prætereundus. Quippe, quum Lacedæmonii gravi bello Atticos premerent, respondissetque Pythius, *quorum dux ab hoste esset occisus, eos futuros superiores*, deposita veste regia, pastoralem cultum induit; immistusque castris hostium, de industria rixam ciens, imprudenter interemptus est. Codrum cum morte æterna gloria, Athenienses secuta victoria est. Quis eum non miretur, qui iis artibus mortem quæsierit, quibus ab ignavis vita quæri solet? Hujus filius Medon primus Archon Athenis fuit. Ab hoc pos-

Penthilus et Tysamène, fils d'Oreste, furent ses successeurs, et ne régnèrent que trois ans[4].

II. Quatre-vingts ans environ après la ruine de Troye, cent vingt ans depuis qu'Hercule était allé s'asseoir au rang des dieux, les enfans de Pélops, que l'expulsion des Héraclides avait laissés, pendant tout ce temps, maîtres du Péloponèse, en furent chassés à leur tour par d'autres Héraclides. Témène, Cresphonte, Aristodème, arrière-petits-fils d'Hercule, conduisaient l'entreprise qui les remit en possession de ces états.

Vers ce même temps, à peu près, les Athéniens cessèrent d'être gouvernés par des rois. Le dernier qui régna sur eux, Codrus, fils de Mélanthe, est digne de mémoire. Ses sujets étant en guerre avec les Lacédémoniens, et se trouvant vivement pressés, l'oracle d'Apollon déclara que le parti dont le chef serait tué par l'ennemi resterait vainqueur. Codrus quitte les ornemens de la royauté, se cache sous l'habit d'un pâtre, pénètre dans le camp des ennemis, irrite à dessein un soldat, et se fait tuer, sans être connu. Ce dévouement rendit les Athéniens vainqueurs, et Codrus immortel. Comment ne pas admirer un homme qui cherche la mort par les mêmes moyens qu'un lâche emploie pour l'éviter? Médon, son fils, fut le premier archonte d'Athènes;

teri apud Atticos dicti Medontidæ. Sed ii, insequentesque Archontes usque ad Charopem, dum viverent, eum honorem usurpabant.

Peloponesii digredientes finibus Atticis, Megaram, mediam Corintho Athenisque urbem, condidere. Ea tempestate et Tyria classis, plurimum pollens mari, in ultimo Hispaniæ tractu, in extremo nostri* orbis termino, insulam circumfusam Oceano, perexiguo a continenti divisam freto, Gades condidit. Ab iisdem post paucos annos, in Africa Utica condita est.

Exclusi ab Heraclidis Orestis liberi, jactatique quum variis casibus, tum sævitia maris, quintodecimo anno sedem cepere circa Lesbum insulam.

III. Tum Græcia maximis concussa est motibus. Achæi ex Laconia pulsi, eas occupavere sedes quas nunc obtinent. Pelasgi Athenas commigravere; acerque belli juvenis, nomine Thessalus, natione Thesprotius, cum magna civium manu, eam regionem armis occupavit, quæ nunc ab ejus nomine *Thessalia* appellatur, antea Myrmido-

* Continentis.

ses successeurs, qui, de son nom, furent appelés *Médontides*, et les archontes qui suivirent, jusques à Charops, jouirent de cet honneur toute leur vie.

En sortant de l'Attique, ceux du Péloponèse bâtirent Mégare, également distante de Corinthe et d'Athènes. Ce fut alors qu'une flotte de Tyriens, nation puissante sur la mer, s'étant avancée jusqu'aux extrémités de l'Espagne et de notre continent, jeta les fondemens de la ville de Cadix, dans une île de l'Océan, séparée de la terre ferme par un petit détroit. Peu d'années après, ils bâtirent Utique, en Afrique.

Les enfans d'Oreste, dépossédés par les Héraclides, furent pendant quinze années le jouet des événemens et des tempêtes. Ils se fixèrent, à la fin, dans le voisinage de l'île de Lesbos.

III. De grands mouvemens d'émigration agitèrent alors la Grèce. Les Achéens, contraints d'abandonner la Laconie, s'emparèrent de la contrée qu'ils occupent encore de nos jours. Les Pélasges passèrent dans l'Attique. Un jeune et bouillant guerrier, né Thesprotien et nommé Thessalus, se mit à la tête d'un nombre considérable d'hommes de sa nation, et s'établit, les armes à la main, dans le pays qu'on appelait

num vocitata civitas. Quo nomine, mirari convenit eos, qui Iliaca componentes tempora, de ea regione ut Thessalia commemorant. Quod quum alii faciant, tragici frequentissime faciunt; quibus minime id concedendum est; nihil enim ex persona poetae, sed omnia sub eorum, qui illo tempore vixerunt, dixerunt. Quod si quis a Thessalo, Herculis filio, eos appellatos Thessalos dicet, reddenda erit ei ratio, cur numquam ante hunc insequentem Thessalum ea gens id nomini usurpaverit.

Paulo ante Aletes, sextus ab Hercule, Hippotis filius, Corinthum, quae antea fuerat Ephyre, claustra Peloponesi continentem, in isthmo condidit. Neque est quod miremur ab Homero nominari *Corinthum*. Nam ex persona poetae et hanc urbem, et quasdam Ionum colonias iis nominibus appellat, quibus vocabantur aetate ejus, multo post Ilium captum conditae.

IV. Athenienses in Eubaea Chalcida et Eretriam colonis occupavere; Lacedaemonii in Asia,

l'*État des Myrmidons*, et qui, du nom du conquérant, s'appelle aujourd'hui la *Thessalie*. C'est une chose assez étrange, que les auteurs des récits de la guerre d'Ilion l'aient désigné sous ce nom de *Thessalie*. Plusieurs écrivains ont commis la même faute, et surtout les tragiques; en cela d'autant plus inexcusables, que, dans leurs compositions, ce n'est pas le poète qu'on entend, mais les personnages mis en scène, et qui vivaient à l'époque de l'action représentée. Dira-t-on que les Thessaliens reçurent leur nom de *Thessalus*, fils d'Hercule? alors, on demandera pourquoi la Thessalie ne fut pas connue sous ce nom, avant l'invasion du second Thessalus?

Quelque temps auparavant, Alétès, fils d'Hippotès, et le sixième des Héraclides, bâtit dans l'isthme la ville de Corinthe, autrefois *Éphyre*, barrière du Péloponèse. Ne nous étonnons pas qu'Homère l'appelle de son dernier nom; c'est le poète qui parle lui-même, et, comme tel, il donne à quelques colonies ioniennes le nom qu'elles portaient de son temps, quoiqu'elles eussent été fondées près d'un siècle après la prise de Troie.

IV. Des colonies athéniennes se saisirent de Chalcis et d'Éréthrie, dans l'Eubée; une colonie lacédémonienne occupa Magnésie, dans l'Asie-

Magnesiam. Nec multo post, Chalcidenses, orti, ut prædiximus, Atticis, Hippocle et Megastene ducibus, Cumas in Italia condiderunt. Hujus classis cursum esse directum, alii columbæ antecedentis volatu ferunt, alii nocturno æris sono, qualis Cerealibus sacris cieri solet. Pars horum civium, magno post intervallo, Neapolim condidit. Utriusque urbis eximia semper in Romanos fides facit eas nobilitate, atque amœnitate sua dignissimas. Sed aliis diligentior ritus patrii mansit custodia : Cumanos Osca mutavit vicinia. Vires autem veteres earum urbium, hodieque magnitudo ostentat mœnium.

Subsequenti tempore, magna vis Græcæ juventutis, abundantia virium sedes quæritans, in Asiam se effudit. Nam et Iones, duce Ione, profecti Athenis, nobilissimam partem regionis maritimæ occupavere, quæ hodieque appellatur *Ionia ;* urbesque constituere, Ephesum, Miletum,

Mineure. A quelque temps de là, les Chalcidiens, originaires de l'Attique, ainsi que je l'ai dit, allèrent fonder Cumes, en Italie, sous la conduite d'Hippoclès et de Mégastène, leur flotte étant guidée, selon quelques-uns, par le vol d'une colombe qui la précédait; et selon d'autres, par les sons nocturnes d'un instrument d'airain, pareils à ceux qu'on entend aux fêtes de Cérès. Long-temps après, une portion détachée de cette colonie bâtit la ville de Naples. La noble fidélité dont ces deux villes ont donné des preuves constantes aux Romains, les rend dignes du renom dont elles jouissent, et de tous leurs agrémens [5]. Naples a retenu plus soigneusement les mœurs et les usages de ses fondateurs; Cumes s'est ressentie du dangereux voisinage des Osques. L'une et l'autre étaient très-fortes; on peut en juger par la vaste enceinte de leurs murailles.

Dans la suite, une colonie grecque, jeune et nombreuse, qu'un excès de population forçait de chercher un asile, se répandit en Asie. Les Ioniens, sortis d'Athènes et conduits par Ion, s'emparèrent de la plus belle partie de la région maritime qui porte aujourd'hui le nom d'*Ionie*. Ils y construisirent Éphèse, Milet, Colophon, Priène, Lébède, Myunthe, Erythra, Clazomène

Colophona, Prienem, Lebedum, Myuntem, Erythram, Clazomenas, Phocæam; multasque in Ægeo, atque Icario occupavere insulas, Samum, Chium, Andrum, Tenum, Pharum, Delum, aliasque ignobiles. Et mox Æolii eadem profecti Græcia, longissimisque acti erroribus, non minus illustres obtinuerunt locos, clarasque urbes condiderunt, Smyrnam, Cymen, Larissam, Myrinam, Mitylenemque, et alias urbes quæ sunt in Lesbo insula.

V. Clarissimum deinde Homeri illuxit ingenium, sine exemplo maximum; qui magnitudine operum, et fulgore carminum, solus appellari poeta meruit. In quo hoc maximum est quod neque ante illum, quem ille imitaretur, neque post illum, qui eum imitari posset, inventus est. Neque quemquam alium, cujus operis primus auctor fuerit, in eo perfectissimum, præter Homerum et Archilochum reperiemus. Hic longius a temporibus belli, quod composuit, Troici, quam quidam rentur, abfuit. Nam ferme ante annos DCCCCL floruit, intra mille natus est.

et Phocée. Ils se rendirent maîtres de plusieurs îles dans la mer d'Icare et dans la mer Égée : de Samos, de Chio, d'Andros, de Ténos, de Pharos, de Délos, et de quelques autres lieux moins connus. Bientôt les Éoliens quittèrent aussi la Grèce, furent long-temps errans, et s'arrêtèrent enfin sur des bords qui n'ont pas été moins célèbres. Ils y fondèrent les villes renommées de Smyrne, de Cymès, de Larisse, de Myrine, de Mytilène, et quelques autres dans l'île de Lesbos.

V. Ensuite brilla le beau génie d'Homère, de cet homme illustre qui ne dut sa gloire qu'à lui-même; éminemment digne du nom de *poète*, par la grandeur de ses compositions et l'éclat de ses vers. Ce qui l'élève au dessus de tous, c'est qu'il n'eut point de modèle, et qu'il n'a point eu d'imitateur. Archiloque et lui sont les seuls qui créèrent leur genre et qui le perfectionnèrent; on n'en citerait pas d'autres. Homère toucha de moins près que quelques-uns ne l'imaginent à la guerre de Troie, qu'il a chantée; car il florissait, il y a neuf cent cinquante ans; et, depuis sa naissance jusqu'à nous, il ne s'en est pas écoulé mille. Ne soyons donc pas surpris de l'entendre dire et

Quo nomine, non est mirandum quod sæpe illud usurpet : οἷοι νῦν βροτοί εἰσι. Hoc enim, ut hominum, ita sæculorum notatur differentia. Quem si quis cæcum genitum putat, omnibus sensibus orbus est.

VI. In sequenti tempore, imperium Asiaticum ab Assyriis, qui id obtinuerant annis mille ccc, translatum est ad Medos, abhinc annos ferme DCCCCIV. Quippe Sardanapalum eorum regem, mollitiis fluentem, et nimium felicem malo suo, tertio et trigesimo loco, ab Nino et Semiramide, qui Babyloniam condiderant, natum, ita ut semper successor regni paterni foret filius, Arbaces Medus imperio vitaque privavit.

Ea ætate clarissimus Graii nominis Lycurgus Lacedæmonius, vir generis regii, fuit severissimarum justissimarumque legum auctor et disciplinæ convenientissimæ viris, cujus quamdiu Sparta diligens fuit, excelsissime floruit.

Hoc tractu temporum, ante annos v et LX, quam urbs Romana conderetur, ab Elisa Tyria,

répéter : « *Les hommes, tels qu'ils sont aujour-* « *d'hui*[6], » le poète indiquant par là, des siècles différens du sien, et d'autres hommes. Quant à l'opinion qu'Homère naquit aveugle, il faut être dépourvu de sens pour l'adopter.

VI. L'empire d'Asie, que les Assyriens possédaient depuis treize cents ans, fut transmis aux Mèdes. Il était alors sous les lois de Sardanapale, prince énervé par les délices, et trop heureux, pour son malheur. Le Mède Arbacès lui ravit à la fois le sceptre et la vie. De cette révolution jusqu'à nous, on compte à peu près neuf cent quatre ans. Issu de Ninus et de Sémiramis, fondateurs de Babylone, Sardanapale était, par une succession non interrompue, de père en fils, le trente-troisième héritier de leur couronne.

Lycurgue, de Lacédémone, un des personnages les plus illustres de la Grèce, signala cette époque. Né du sang royal, il traça pour ses concitoyens un code de lois sévères et justes. Il y joignit un plan d'éducation propre à former des hommes, et qui, tant qu'il fut suivi, maintint sa patrie dans un haut degré de gloire et de prospérité.

Vers cet âge, et soixante-cinq ans avant la naissance de Rome, Élisa de Tyr, qui, selon

quam quidam Dido autumant, Carthago conditur. Circa quod tempus Caranus, vir generis regii, undecimus ab Hercule, profectus Argis, regnum Macedoniæ occupavit. A quo Magnus Alexander quum fuerit septimus decimus, jure materni generis Achille auctore, paterni Hercule gloriatus est.

Æmilius Sura *de Annis populi romani*: « Assyrii principes omnium gentium, rerum potiti « sunt; deinde Medi, postea Persæ, deinde « Macedones. Exinde duobus regibus Philippo « et Antiocho, qui a Macedonibus oriundi erant, « haud multo post Carthaginem subactam, de« victis, summa imperii ad populum Romanum « pervenit. » Inter hoc tempus et initium Nini regis Assyriorum, qui princeps rerum potitus, intersunt anni mille DCCCCXCV.

VII. Hujus temporis æqualis fuit Hesiodus, circa CXX annos, distinctus ab Homeri ætate, vir perelegantis ingenii, et mollissima dulcedine carminum memorabilis, otii quietisque cupidissimus; ut tempore tanto viro, ita operis auctoritate proximus. Qui vitavit ne in id, quod Ho-

quelques-uns, est la même que Didon, jeta les fondemens de la ville de Carthage. Dans ce même temps, à peu près, Caranus, d'origine royale, et l'onzième du sang des Héraclides, partit d'Argos, et s'empara de la Macédoine. C'était par ce Caranus, qu'Alexandre-le-Grand, son dix-septième successeur, se vantait d'avoir Hercule pour auteur de sa race, comme il prétendait descendre d'Achille, par sa mère.

Citons un passage d'Emilius Sura, dans ses *Annales romaines* 7. « Les Assyriens ont été les « premiers dominateurs des nations; les Mèdes « leur succédèrent. Les Perses eurent leur tour, « et firent place aux Macédoniens. Enfin, après « la défaite des deux rois Antiochus et Philippe, « macédoniens d'origine (défaite qui suivit d'assez « près la ruine de Carthage), Rome eut l'empire « du monde. » Il s'est écoulé dix-neuf cent quatre-vingt-quinze ans entre ce dernier temps et le commencement du règne de Ninus,

VII. Cent vingt ans après Homère, parut Hésiode. Voisin du siècle de ce grand poète, Hésiode s'en rapproche encore par la réputation qu'obtinrent ses ouvrages. Doué d'un esprit enchanteur, Hésiode alliait au talent de produire des vers pleins de douceur et de grâce, l'amour d'une vie paresseuse et tranquille. Il a pris le

merus, incideret, patriamque, et parentes testatus est; sed patriam, quia multatus ab ea erat, contumeliosissime.

Dum in externis moror, incidi in rem domesticam, maximique erroris, et multum discrepantem auctorum opinionibus. Nam quidam, hujus temporis tractu, aiunt a Tuscis Capuam, Nolamque conditam, ante annos fere DCCCXXX: quibus equidem assenserim. Sed Marcus Cato quantum differt, qui dicat, Capuam ab eisdem Tuscis conditam, ac subinde Nolam; stetisse autem Capuam, antequam à Romanis caperetur, annis circiter CCLX! Quod si ita est, cum sint a Capua capta anni CCLX, ut condita est, anni sunt fere D. Ego (pace diligentiæ Catonis dixerim) vix crediderim tam mature tantam urbem crevisse, floruisse, concidisse, resurrexisse.

VIII. Clarissimum deinde omnium ludicrum

soin, qu'Homère négligea, de nous faire connaître ses parens et sa patrie. Mais il eut à se plaindre d'Ascrée; des vers injurieux l'en ont vengé [8].

Ce que je rapporte de l'histoire des autres peuples, m'amène à discuter un fait relatif à la nôtre. Sur ce point, les auteurs sont opposés les uns aux autres, et surtout à la vérité. Il s'agit de Nole et de Capoue : quelques-uns reportent la fondation de ces deux villes, par les Toscans, à ce même temps qu'un laps de huit cent trente années sépare de notre âge; et j'adopterais leur sentiment. Mais combien Marcus Caton s'en éloigne [9] ! Il reconnaît que les Toscans ont fondé Capoue, qu'ensuite ils ont bâti Nole. Mais il ajoute que Capoue n'existait que depuis deux cent soixante ans, lorsque les Romains s'en emparèrent. Dans cette supposition, la fondation de Capoue ne remonterait pas au-delà de cinq cents ans, puisqu'il y a deux cent quarante ans que les Romains s'en sont rendus maîtres. L'autorité de Caton est sans doute imposante; mais qu'en un si court espace de temps une aussi grande ville ait pu s'accroître, fleurir, tomber et se relever, c'est là ce qui me paraît difficile à croire.

VIII. On vit se renouveler ces célèbres luttes

certamen, et ad exercitandam corporis animique virtutem efficacissimum, Olympiorum initium habuit, et auctorem Iphitum Elium. Is eos ludos mercatumque restituit, ante annos, quam tu, M. Vinici, consulatum inires, DCCCIV. Hoc sacrum eodem loco instituisse fertur, abhinc annos ferme mille CCL, Atreus, cum Pelopi patri funebres ludos faceret. Quo quidem in ludicro, omnis generis certaminum Hercules victor extitit.

Tum Athenis perpetui archontes esse desierunt, quum fuisset ultimus Alcmæon, cœperuntque in denos annos creari. Quæ consuetudo in annos LXX mansit; ac deinde annuis commissa est magistratibus respublica. Ex iis qui denis annis præfuerunt, primus fuit Charops, ultimus Eryxias; ex annuis, primus Creon.

Sexta olympiade, post duos et viginti annos, quam prima constituta fuerat, Romulus, Martis filius, ultus injurias avi, Romam urbem. Palilibus, in Palatino condidit. A quo tempore ad vos consules, anni sunt DCCLXXII. Id actum, post Troam captam, annis CDXXXII. Id gessit Romulus

olympiques, si propres à développer les forces du corps et la vigueur de l'âme. Iphitus, roi d'Élide, rétablit ces grandes solennités huit cent quatre ans, ô Vinicius! avant votre consulat. Atrée, dit-on, les avait instituées dans ce même lieu, lorsqu'il fit célébrer des jeux funèbres en l'honneur de Pélops, son père, il y a douze cent cinquante ans. On ajoute qu'Hercule y remporta tous les prix des différens combats.

L'autorité des archontes d'Athènes cessa d'être perpétuelle. Après Alcmæon, on borna l'exercice de ce pouvoir à dix années, et cette disposition fut maintenue pendant soixante et dix ans; ensuite, l'administration de la république fut commise à des magistrats annuels. Le premier de ceux qui gouvernèrent dix ans fut Charops, et le dernier, Éryxias. Créon fut le premier des magistrats annuels.

Dans le cours de la sixième olympiade [10], vingt-deux ans depuis le rétablissement des jeux olympiques, quatre cent trente-deux ans depuis la prise de Troie, sept cent soixante et douze ans avant que vous fussiez consuls*, Romulus, fils de Mars, après avoir vengé son aïeul, bâtit

* Les consuls auxquels l'historien s'adresse, sont Marcus Vinicius, et Cassius Longinus, son collègue, mari de Drusilla, seconde fille de Germanicus.

adjutus legionibus Latini, avi sui; libenter enim iis, qui ita prodiderunt, accesserim, quum aliter firmare urbem novam, tam vicinis Veientibus, aliisque Etruscis, ac Sabinis, cum imbelli et pastorali manu vix potuerit: quanquam jam asylo facto inter duos lucos, auxit. Hic centum homines electos appellatosque *patres*, instar habuit consilii publici. Hanc originem nomen patriciorum habet. Raptus Sabinarum. . . . .

IX. Perseus populo Romano gravior, quam timuerat, hostis extitit. Nam biennio, adeo varia fortuna cum consulibus conflixerat, ut plerumque superior foret, et partem Græciæ in societatem suam perduceret. Quin Rhodii quoque, fidelissimi antea Romanis, tum dubia fide, speculati fortunam, proniores regis partibus fuisse visi sunt. Et rex Eumenes, in eo bello medius fuit animo, neque fratris initiis, neque suæ respondit consuetudini.

Rome sur le mont Palatin, dans les jours consacrés aux fêtes de la déesse des campagnes. Je crois aisément, avec quelques historiens, que les soldats de Numitor contribuèrent au succès de cette entreprise. Comment Romulus, aidé d'une poignée de pâtres timides, eût-il pu créer et fortifier une ville dans le voisinage des Veïens, sur la frontière des Sabins et des autres nations étrusques? Il est vrai qu'en ouvrant un asile entre deux bois sacrés, il grossit sa petite armée. Romulus choisit cent hommes, qu'il appela *pères*, et dont il composa le conseil public : telle est l'origine du nom de *patriciens*. L'enlèvement des Sabines. . . . . (*le reste manque*).

IX. Les Romains ne s'étaient pas attendus à trouver un si redoutable ennemi dans Persée. Pendant deux années, ses troupes se battirent contre celles des consuls [11] avec des succès divers; mais l'avantage fut le plus souvent de son côté, ce qui lui donna pour alliés une partie des Grecs. La fidélité même des Rhodiens, jusque là si constante, ne se soutint point. Attentifs au sort des armes, ils semblèrent pencher pour le monarque. Le roi (de Pergame) Eumène ne prit aucun parti dans cette guerre, et démentit à la fois les engagemens de son frère Attale et l'amitié qui le liait lui-même aux Romains.

Tum senatus populusque Romanus Lucium Æmilium Paulum, qui et prætor, et consul triumphaverat, virum in tantum laudandum, in quantum intelligi virtus potest, consulem creavit, filium ejus Pauli, qui ad Cannas quam tergiversanter perniciosam reipublicæ pugnam inierat, tam fortiter in ea mortem obierat. Is Perseum ingenti prælio apud urbem nomine Pydnam in Macedonia, fusum fugatumque castris exuit; deletisque ejus copiis, destitutum omni spe coegit e Macedonia profugere : quam ille linquens, in insulam Samothraciam profugit, templique se religioni supplicem credidit. Ad eum, Cnæus Octavius prætor, qui classi præerat, pervenit; et ratione magis, quam vi persuasit, ut se Romanorum fidei committeret. Ita Paulus maximum nobilissimumque regem in triumpho duxit.

Quo anno et Octavii prætoris, navalis, et Anicii, regem Illyriorum Gentium, ante currum agentis triumphi fuere celebres. Quam sit assidua eminentis fortunæ comes invidia, altissimisque adhæreat, etiam hoc colligi potest, quod,

Alors le sénat et le peuple romain nommèrent consul Lucius Emilius Paulus, dont la préture et le premier consulat avaient été marqués par deux triomphes, homme digne de tous les éloges dus à la vertu la plus parfaite dont on puisse se former l'idée. Il était fils de ce Paulus Emilius qui mourut en héros à la bataille de Cannes, qu'il voulait éviter, comme devant être fatale à la république. Le consul défit complétement Persée, près de Pydna, dans la Macédoine. Battu, mis en déroute, sans armée, sans espérance, forcé d'abandonner son camp, et même son royaume, il se sauva dans l'île de Samothrace, et s'y réfugia dans un temple, confiant ses jours à la sainteté de cet asile. Cneius Octavius, qui commandait la flotte, parvint jusqu'à lui. Il le détermina, plutôt qu'il ne le contraignit, à se livrer à la foi des Romains; et Paulus Emilius triompha d'un roi puissant et renommé.

Cette année vit encore deux célèbres triomphes, le triomphe naval du préteur Octavius, et celui d'Anicius, qui mena captif, devant son char, Gentius, roi d'Illyrie. Compagne inséparable d'une haute fortune, l'envie s'attache à tout ce qui s'élève: cette occasion en offrit une preuve

quum Anicii, Octaviique triumphum nemo interpellaret, fuere qui Pauli impedire obniterentur: cujus tantum priores excessit, vel magnitudine regis Persei, vel specie simulacrorum, vel modo pecuniæ, ut bis millies centies sestertium ærario contulerit, et omnium ante actorum comparationem amplitudine vicerit.

X. Per idem tempus, quum Antiochus Epiphanes, qui Athenis olympicum inchoavit, tum rex Syriæ, Ptolæmeum puerum Alexandriæ obsideret, missus est ad eum legatus Marcus Popilius Lænas, qui juberet incepto desistere, mandataque exposuit: et regem *deliberaturum se* dicentem circumscripsit virgula, jussitque *prius responsum reddere, quam egrederetur finito arenæ circulo.* Sic cogitationem regiam Romana disjecit constantia, obeditumque imperio.

Lucio autem Paulo magnæ victoriæ compoti quatuor filii fuere. Ex iis duos natu majores, unum Publio Scipioni, Publii Africani filio, nihil ex paterna majestate præter speciem nominis,

nouvelle. Les triomphes d'Octavius et d'Anicius n'éprouvèrent aucune opposition, tandis qu'on s'était efforcé de traverser celui d'Emilius, qui toutefois effaça tous les autres, soit par la grandeur de Persée, soit par la pompe des images qui rappelaient les actions du vainqueur, soit par les sommes considérables qu'il versait dans le trésor public [12].

X. Antiochus Épiphanes (celui qui jeta les fondemens du temple qu'Athènes consacrait à Jupiter Olympien) assiégeait en ce moment le jeune Ptolémée, dans Alexandrie. Les Romains envoyèrent Marcus Popilius Lenas vers ce roi de Syrie, pour lui porter l'ordre de renoncer à son entreprise. Après que Popilius eut exposé l'objet de sa mission, Antiochus répondit qu'il en délibérerait. Au même instant, l'ambassadeur, qui tenait une baguette à la main, traçant sur le sable un cercle autour d'Antiochus, lui défendit de le franchir avant que d'avoir rendu sa réponse. La fermeté pressante du Romain triompha de l'irrésolution du monarque, et le força d'obéir [13].

Le vainqueur des Macédoniens, Lucius Paulus, était père de quatre fils : les deux aînés furent adoptés, le premier, par Fabius Maximus; le second, par Publius Scipion, fils de l'*Africain*.

vigoremque eloquentiæ retinenti, in adoptionem dederat; alterum Fabio Maximo; duos minores natu, prætextatos, quo tempore victoriam adeptus est, habuit. Is quum in concione extra urbem, more majorum, ante triumphi diem, ordinem actorum suorum commemoraret, deos immortales precatus est: *Ut si quis eorum invideret operibus, ac fortunæ suæ, in ipsum potius sævirent, quam in rempublicam*, quæ vox veluti oraculo emissa, magna parte eum spoliavit sanguinis sui. Nam alterum ex iis, quos in familia retinuerat, liberis, ante paucos triumphi, alterum post pauciores amisit dies.

Aspera, circa hæc tempora, censura Fulvii Flacci, et Posthumii Albini fuit. Quippe Fulvii censoris frater, et quidem consors, Cnæus Fulvius senatu motus est ab iis censoribus.

XI. Post victum captumque Perseum, qui quadriennio post, in libera custodia Albæ decessit, Pseudo-Philippus, a mendacio simulatæ originis appellatus, qui se Philippum, regiæque stirpis ferebat, quum esset ultimæ, armis occu-

en qui l'on ne retrouvait que l'héritier du grand nom de son père et de sa mâle éloquence [14]. Les derniers portaient encore *la pretexte* [15] quand Persée fut vaincu. Dans le discours qu'il fit, hors des murs, avant le jour de son triomphe, pour rendre compte de sa conduite au peuple romain, suivant l'antique usage, Lucius Paulus adressa cette prière aux dieux : « Si, parmi les immortels, il en est un « qui voie d'un œil mécontent mes actions et ma « fortune, je le conjure de sévir contre moi seul, « et d'épargner la république. » Ces paroles furent comme un oracle prononcé contre son sang, et qui s'accomplit. Des deux fils qu'il avait retenus auprès de lui, l'un mourut quatre jours avant son triomphe, l'autre, trois jours après.

Fulvius Flaccus et Posthumius Albinus exer- cèrent, en ce temps, la censure avec une telle inflexibilité, que Cnœus Fulvius, frère du pre- mier, et qui vivait sous un même toit avec lui, fut exclu du sénat par l'autorité de ces deux ma- gistrats.

XI. Après la défaite et la prise de Persée, qui mourut dans les murs d'Albe, au bout de quatre années d'une captivité sans rigueur, on vit paraître un aventurier que la supposition de son origine fit nommer *Pseudo-Philippus*. Cet homme qui se donnait pour un rejeton de la tige

pata Macedonia, assumptis regni insignibus, brevi temeritatis pœnas dedit. Quippe Quintus Metellus prætor, cui ex virtute *Macedonici* nomen inditum, præclara victoria ipsum gentemque superavit, et immani etiam Achæos rebellare incipientes fudit acie.

Hic est Metellus Macedonicus, qui porticu- quæ fuere circumdatæ duabus ædibus, sine inscriptione positis, quæ nunc Octaviæ porticibus ambiuntur, fecerat; quique hanc turmam statuarum equestrium, quæ frontem ædium spectant, hodieque maximum ornamentum ejus loci, ex Macedonia detulit. Cujus turmæ hanc causam referunt: Magnum Alexandrum impetrasse a Lysippo, singulari talium auctore operum, ut eorum equitum qui ex ipsius turma apud Granicum flumen ceciderant, expressa similitudine figurarum, faceret statuas, et ipsius quoque iis interponeret. Hic idem primus omnium Romæ ædem

royale, quoiqu'il fût né dans une classe infime, envahit la Macédoine à main armée, prit le nom de *Philippe* et les marques de la royauté. Sa téméraire imposture ne fut pas long-temps impunie. Le préteur Quintus Métellus, à qui la valeur qu'il déploya dans cette guerre mérita le surnom de *Macédonique*, remporta sur Philippe et sur les Macédoniens une victoire signalée [16]. Dans une bataille non moins sanglante, il défit les Achéens, qui commençaient à secouer le joug de l'obéissance.

Métellus *le Macédonique* est celui qui construisit des portiques autour de ces deux temples sans inscription qu'enferment aujourd'hui les portiques d'Octavie [17]. Ce fut lui qui fit transporter de Macédoine cette armée de statues équestres placées en face des deux temples, et le plus bel ornement de ce lieu. Voici, suivant ce qu'on rapporte, à quelle occasion furent faites ces statues. Alexandre-le-Grand obtint du célèbre sculpteur Lysippe, qu'il représenterait avec une exacte vérité de ressemblance ceux de ses cavaliers qui furent tués au passage du Granique. Ce prince voulut que l'artiste le représentât lui-même, au milieu d'eux. Le premier de tous, Métellus introduisit à Rome la magnificence, ou le luxe, en élevant un temple de marbre dans l'enceinte

ex marmore in iis ipsis monumentis molitus, vel magnificentiæ, vel luxuriæ princeps fuit. Vix ullius gentis, ætatis, ordinis hominem inveneris, cujus felicitatem fortunæ Metelli compares. Nam præter excellentes triumphos, honoresque amplissimos, et principale in republica fastigium, extentumque vitæ spatium, et acres innocentesque pro republica cum inimicis contentiones, quatuor filios sustulit, omnes adultæ ætatis vidit; omnes reliquit superstites et honoratissimos. Mortui ejus lectum pro rostris sustulerunt quatuor filii, unus consularis et censorius, alter consularis, tertius consul, quartus candidatus consulatus, quem honorem adeptus est. Hoc est nimirum magis, feliciter de vita migrare, quam mori.

XII. Universa deinde, ut prædiximus, instincta in bellum Achaïa cujus pars magna ejusdem Metelli Macedonici virtute armisque fracta erat, maxime Corinthiis in arma, cum gravibus etiam in Romanos contumeliis, instigantibus; destinatus ei bello gerendo consul Mummius.

que ces monumens embellissaient. On citerait difficilement un homme, dans quelque pays, quelque siècle, quelque rang qu'on le cherchât, dont on pût comparer le bonheur à celui de Métellus; car, sans parler de ses triomphes, des hautes dignités qui le placèrent à la tête de la république, de sa vie prolongée jusqu'à l'extrême vieillesse, des nobles démêlés qu'il soutint contre ses ennemis, et que justifiait l'intérêt de sa patrie, Métellus eut quatre fils, qu'il vit parvenus tous à l'âge viril, et qu'il laissa comblés d'honneurs. Lorsque ces quatre fils portèrent le lit funèbre de leur père sur la place de la tribune aux harangues, le premier avait été consul et censeur, le second était consulaire, le troisième était consul, et le dernier prêt à l'être. Finir ainsi, ce n'est pas mourir; c'est sortir heureusement de la vie.

XII. L'Achaïe tout entière reprit une attitude hostile, ainsi que je l'ai dit, quoiqu'une grande partie de ce pays eût été ruinée par les armes de Métellus *le Macédonique*. Ceux de Corinthe, dont les Achéens recevaient l'impulsion, avaient eux-mêmes outragé les ambassadeurs romains. On destina le consul Mummius à la conduite de cette guerre.

Et sub idem tempus, magis quia volebant Romani quidquid de Carthaginiensibus diceretur, credere, quam quia credenda afferebantur, statuit senatus Carthaginem excidere. Ita eodem tempore Publius Scipio Æmilianus, vir avitis Publii Africani, paternisque Lucii Pauli virtutibus simillimus, omnibus belli ac togæ dotibus, ingeniique ac studiorum eminentissimus sæculi sui, qui nihil in vita nisi laudandum aut fecit, aut dixit ac sensit : quem Paulo genitum, adoptatum a Scipione, Africani filio, diximus, ædilitatem petens, consul creatus est. Bellum Carthagini jam ante biennium a prioribus consulibus illatum majori vi intulit; quum ante in Hispania murali corona, in Africa obsidionali donatus esset; in Hispania vero etiam ex provocatione, ipse modicus virium, immanis magnitudinis hostem interemisset. Eamque urbem, magis invidia imperii, quam ullis ejus temporis noxis, invisam Romano nomini, funditus sustulit, fecitque suæ virtutis monumentum, quod fuerat avi ejus clementiæ. Carthago diruta est, quum stetisset annis

Vers le même temps, les Romains prirent la résolution de détruire Carthage, animés contre elle, bien moins par des rapports croyables, que par des bruits qu'ils aimaient à croire [18]. On éleva donc au consulat (quoiqu'il ne briguât que l'édilité) Publius Scipion Emilianus, né de Paulus Emilius, et qu'avait adopté Scipion, fils de *l'Africain*. Héritier des vertus de son aïeul et de son père, Scipion Emilianus possédait à la fois les talens militaires et les qualités civiles, et surpassait tous ceux de son siècle, pour la culture de l'esprit et les connaissances; homme dont les discours, les actions et les sentimens n'offrirent jamais rien que de louable, dans tout le cours de sa vie. Ses exploits avaient déjà mérité la couronne obsidionale, en Afrique, et la couronne murale, en Espagne. Ce fut en Espagne que, provoqué par un guerrier d'une taille gigantesque, il tua cet ennemi, quoique sa force ne répondît point à son courage. Scipion porta la guerre au pied des murs de Carthage, et la poussa plus vigoureusement que les consuls [19] qui l'avaient commencée deux ans auparavant. Cette ville, en qui Rome haïssait une puissance dont elle était jalouse, mais qui, dans ces derniers temps, ne l'avait point offensée, devint, par sa ruine, un monument de la valeur de Scipion,

DCLXVII; abhinc annos CLXXVII, Cnæo Cornelio Lentulo, Lucio Mummio Coss. Hunc finem habuit Romani imperii Carthago æmula; cum qua bellare majores nostri cæpere Claudio et Fulvio Coss. ante annos CCXCVI, quam tu, Marce Vinici, consulatum inires. Ita per annos CXV, aut bellum inter eos populos, aut belli præparatio, aut infida pax fuit. Neque se Roma, jam terrarum orbe superato, securam speravit fore, si nomen usquam stantis maneret Carthaginis. Adeo odium certaminibus ortum ultra metum durat, et ne in victos quidem deponitur, neque ante invisum esse desinit, quam esse desiit.

XIII. Ante triennium quam Carthago deleretur, Marcus Cato, perpetuus diruendæ ejus auctor, Lucio Censorino, Marco Manlio Coss. mortem obiit.

Eodem anno quo Carthago concidit, Lucius Mummius Corinthum, post annos DCCCLII, quam

comme elle l'avait été de la clémence de son aïeul. Carthage fut détruite, il y a cent soixante et dix-sept ans, sous les consuls Cneius Cornelius Lentulus et Lucius Mummius, après une durée de six cent soixante-sept ans. Ainsi tomba la rivale de Rome. Nos ancêtres entrèrent en guerre avec elle, sous le consulat de Claudius et de Fulvius, deux cent quatre-vingt-seize ans avant le vôtre, ô Vinicius. Pendant l'espace de cent quinze ans, il n'y eut entre les deux peuples qu'hostilités déclarées, préparatifs de guerre, ou paix infidèles. Jamais Rome, même lorsqu'elle eut assujetti le monde entier, n'espéra de repos, tant que Carthage serait debout, tant que son nom ne serait pas éteint. Il est trop vrai que l'animosité, née de longues querelles, survit à l'inquiétude qu'elles ont inspirée, résiste même à la victoire. Ce qu'on a long-temps détesté ne cesse d'être odieux qu'en cessant d'être.

XIII. Marcus Caton, dont l'avis constant avait été qu'il fallait anéantir Carthage, mourut trois ans avant la destruction de cette ville, sous le consulat de Marcus Manlius et de Lucius Censorinus.

L'année même de la chute de Carthage, Mummius renversa jusqu'en ses fondemens la ville de Corinthe, qui comptait huit cent cinquante-deux

ab Alete, Hippotis filio, erat condita, funditus eruit. Uterque imperator devictæ a se gentis nomine honoratus, alter *Africanus*, alter appellatus est *Achaicus*; nec quisquam ex novis hominibus prior Mummio cognomen virtute partum vindicavit.

Diversi imperatoribus mores, diversa fuere studia. Quippe Scipio tam elegans liberalium studiorum, omnisque doctrinæ et auctor et admirator fuit, ut Polybium, Panætiumque, præcellentes ingenio viros, domi militiæque secum habuerit. Neque enim quisquam hoc Scipione elegantius intervalla negotiorum otio dispunxit; semperque aut belli, aut pacis serviit artibus, semper inter arma ac studia versatus, aut corpus periculis, aut animam disciplinis exercuit. Mummius tam rudis fuit, ut capta Corintho, quum maximorum artificum perfectas manibus tabulas ac statuas in Italiam portandas locaret, juberet prædici conducentibus, si eas perdidissent, novas eos reddituros. Non tamen puto dubites, Vinici, quin magis pro republica fuerit manere adhuc rudem Corinthio-

années, depuis sa fondation par Alétès, fils d'Hippotès. On honora les deux vainqueurs du nom de la nation dont ils avaient triomphé. Scipion fut surnommé l'*Africain*, et Mummius l'*Achaïque*. C'était le premier homme *nouveau* qui recevait un surnom acquis par sa valeur.

Ces deux généraux différaient absolument de mœurs et d'habitudes. Scipion, poli par la culture et l'amour des lettres, était tellement passionné pour toutes les connaissances, qu'il eut sans cesse auprès de lui, soit à Rome, soit à l'armée, deux hommes d'un génie supérieur, Panetius et Polybe [20]. Jamais on n'occupa plus noblement son loisir. Sachant passer tour à tour des exercices de la guerre aux arts de la paix, et des combats à l'étude, il exerçait son corps au milieu des périls, et son esprit au sein de la philosophie. L'ignorance de Mummius était si grossière, que lorsqu'il voulut, après la prise de Corinthe, envoyer à Rome les chefs-d'œuvre des plus célèbres artistes de la Grèce, il avertit ceux qui les conduisaient, que les statues ou tableaux qui manqueraient à leur arrivée, seraient remplacés à leurs dépens. Il eût été plus avantageux pour la république, vous n'en doutez pas, Vinicius, d'ignorer toujours le prix des arts de Corinthe,

rum intellectum, quam in tantum ea intelligi. et quin hac prudentia illa imprudentia decori publico fuerit convenientior.

XIV. Quum facilius cujusque rei in unum contracta species, quam divisa temporibus, oculis animisque inhæreat, statui priorem hujus voluminis, posterioremque partem non inutili rerum notitia in arctum contracta distinguere, atque huic loco inserere, quæ quoque tempore, post Romam a Gallis captam, deducta sit colonia jussu senatus. Nam militarium et causæ, et auctores, et ipsarum præfulgent nomina. Huic rei per idem tempus civitates propagatas, auctumque Romanum nomen communione juris, haud intempestive subtexturi videmur.

Post VII annos, quam Galli Urbem ceperunt, Sutrium deducta colonia est, et post annum Setina, novemque interjectis annis Nepe; deinde interpositis XXXII, Aricini in civitatem recepti. Abhinc annos autem CCCL, Spurio Posthumio, Veturino Calvino Coss., Campanis data est civi-

que d'avoir appris à sentir leur mérite. Cette simplicité convenait mieux à Rome, et l'honorait davantage qu'une vaine connaissance.

XIV. Comme les faits qu'on rapproche et qu'on présente à la fois s'impriment plus aisément dans l'esprit en frappant les yeux, que lorsqu'ils sont épars et divisés, je me propose de placer, entre la première et la seconde partie de mon ouvrage, comme un détail qui ne sera point inutile, le tableau rapide de nos colonies, depuis que les Gaulois se furent emparés de Rome, avec l'indication des temps où chacune d'elles fut formée, par ordre du sénat. Les noms des colonies militaires, les motifs et les noms de ceux qui les fondèrent étant assez connus, je n'en parlerai point. Mais je crois à propos d'y joindre les cités, devenues en quelque sorte des rejetons de Rome, et qui, gouvernées par nos lois, agrandissaient encore le nom romain.

Sept ans après l'invasion des Gaulois[21], une colonie fut conduite à Sutrium; une autre colonie fut envoyée, l'année d'après, à Setina; neuf ans après, à Népé. Le droit de citoyen romain fut accordé, trente-deux après, à ceux d'Aricie. Les Campaniens l'obtinrent de même, ainsi qu'une partie des Samnites, il y a trois cent cinquante

tas, partique Samnitium sine suffragio, et eodem anno Cales deducta colonia. Interjecto deinde triennio Fundani et Formiani in civitatem recepti, eo ipso anno, quo Alexandria condita est. Insequentibusque consulibus a Spurio Posthumio, Philone Publilio censoribus, Acerranis data civitas; et post triennium Terracinam deducta colonia, interpositoque quadriennio, Luceria; ac deinde, interjecto triennio, Suessa Aurunca, et Saticula, Interamnaque post biennium. X deinde hoc munere anni vacaverunt. Tunc Sora, atque Alba deductæ coloniæ, et Carseoli post biennium. At Quinto Fabio quintum, Decio Mure quartum Coss. quo anno Pyrrhus regnare cæpit, Sinuessam, Minturnasque missi coloni; post quadriennium Venusiam; interjectoque biennio, Manio Curio, et Rufino Cornelio Coss., Sabinis sine suffragio data civitas. Id actum ante annos ferme cccxx. At Cosam, et Pæstum abhinc annos ferme ccc, Fabio Dorsone, et Claudio Canina Coss.; interjecto quinquennio, Sempronio Sopho et Appio Cæci filio Coss., Ariminum, Beneventum co-

ans, mais sans droit de suffrage : Spurius Posthumius et Veturius Calvinus étaient consuls. La même année, Calès eut une colonie. Trois ans après, à l'époque de la fondation d'Alexandrie, ceux de Formies et de Fondi furent admis au nombre des citoyens. L'année suivante, les censeurs Spurius Posthumius et Philon Publilius accordèrent aux habitans d'Acerra le droit de bourgeoisie romaine. Une colonie fut placée trois ans après à Terracine; quatre ans après, une autre à Lucérie; trois ans après, une autre à Suesse, dans le pays des Aurunques; une autre, deux ans après, dans les villes de Saticule et d'Intéramne. Ce mouvement fut suspendu pendant dix années. Après ce laps de temps, Sora, Albe et Carséoles reçurent des colonies. Sinuesse et Minturnes en reçurent également pendant le cinquième consulat de Quintus Fabius, et le quatrième de Decius Mus, lorsque Pyrrhus commençait à régner. Quatre ans après, on en mit une à Venuse. Deux ans après, Manius Curius et Cornelius Rufinus étant consuls, les Sabins jouirent du droit de citoyens romains, sans suffrage; cela remonte à trois cent vingt ans. Sous le consulat de Fabius Dorson et de Claudius Canina, des colonies furent envoyées à Pestum, à Cosa : depuis cette émigration, jusqu'au temps où nous sommes, on compte

loni missi; et suffragii ferendi jus Sabinis datum. At initio primi belli Punici Firmum, et Castrum colonis occupata; et post annum Æsernia, postque XXII annos Asculum, et Alsium, Fregellæque post biennium; proximoque anno Torquato, Semproniοque Coss., Brundusium, et post triennium Spoletium, quo anno Floralium ludorum factum est initium. Postque biennium deducta Valentia, et sub adventum in Italiam Annibalis, Cremona, atque Placentia.

XV. Deinde, neque dum Annibal in Italia moratur, neque proximis post excessum ejus annis, vacavit Romanis colonias condere; quum esset in bello conquirendus potius miles quam dimittendus; et post bellum vires refovendæ magis, quam spargendæ.

Cnæo autem Manlio Volsone, et Marco Fulvio Nobiliore Coss., Bononia deducta colonia, abhinc annos ferme CCXVII. Et post quadrien-

trois cents ans. Cinq ans après, sous le consulat de Sempronius Sophus et d'Appius, fils de *l'Aveugle*, Ariminum et Bénévent se peuplèrent de nouveaux habitans, et les Sabins acquirent le droit de donner leur suffrage. Au commencement de la première guerre Punique, on s'assura de Firmum et de Castrum, par des colonies. Un an après, Æsernia vit une colonie dans ses murs. Vingt-deux ans après, Asculum en reçut une, ainsi qu'Alsium; Frégelles, deux ans après, et Brindes l'année suivante, sous le consulat de Torquatus et de Sempronius; Spolette, trois ans après. Les jeux floraux furent institués la même année. Deux ans après, une colonie se rendit à Valence. Celles de Crémone et de Placentia datent de l'arrivée d'Annibal en Italie.

XV. L'envoi d'aucune colonie romaine ne fut possible, ni pendant le séjour d'Annibal en Italie, ni dans les années qui suivirent sa retraite. Tant que dura la guerre, on pensa plutôt à chercher des soldats qu'à les congédier; et, lorsqu'on fut en paix, il fallut ranimer les forces de la république, au lieu de les affaiblir en les dispersant.

Sous le consulat de Cnœus Manlius Volson et de Marcus Fulvius Nobilior (il y a deux cent dix-sept ans), on fit partir une colonie pour

nium, Pisaurum, ac Potentia; interjectoque triennio, Aquileïa, et Gravisca; et post quadriennium Luca. Eodem temporum tractu (quanquam apud quosdam ambigitur) Puteolos, Salernumque, et Buxentum missi coloni : Auximum autem in Picenum, abhinc annos ferme CLXXXVII, ante triennium, quam Cassius censor a Lupercali in Palatium versus theatrum facere instituit, cui in moliendo eximia civitatis severitas, et consul Cæpio restitere : quod ego inter clarissima publicæ voluntatis argumenta numeraverim. Cassio autem Longino, et Sextio Calvino (qui Salios apud aquas, quæ ab eo *Sextiæ* appellantur, devicit) consulibus, Fabrateria deducta est, abhinc annos ferme CLVII; et post annum Scylacium, Minervium, Tarentum, Neptunia, Carthagoque in Africa, prima, ut prædiximus, extra Italiam, colonia condita est. De Dertona ambigitur. Narbo autem Martius in Gallia, Marco Porcio, Quinto Marcio Coss., abhinc annos circiter CLIII, deducta colonia est. Post XXXIII annos in Vagiennis Eporædia, Mario sexies, Valerioque Flacco

Bologne ; quatre ans après, on en établit une à Pisaure, une autre à Potentia ; trois ans après, à Aquilée, à Gravisca ; quatre ans après, à Luca, et, dans le même temps, à Putéoles, à Salerne, à Buxentum ; ce que quelques historiens n'admettent pourtant pas comme certain. La colonie d'Auxime, dans le Picenum, est fondée depuis cent quatre-vingt-sept ans. Trois ans avant, le censeur Cassius entreprit de faire construire un théâtre qui devait s'étendre du Lupercal au mont Palatin ; mais la sévérité qui régnait dans les mœurs s'opposa, par l'organe du consul Cœpion, à l'achèvement de cet ouvrage ; et c'est une des preuves les plus éclatantes que le peuple ait données de l'esprit qui l'animait. Fabrateria s'accrut d'une colonie, il y a cent cinquante-sept ans, sous le consulat de Longinus et de Sextius Calvinus, qui vainquit les Saliens près des eaux appelées depuis *eaux Sextiennes*, du nom de ce consul. Un an après, des colonies furent envoyées à Scylacium, à Minervium, à Tarento, à Neptunia, à Carthage en Afrique, lieu de la première colonie romaine hors de l'Italie. On n'est pas sûr qu'il en ait été envoyé une à Dertonne. Marcus Porcius et Quintus Marcius étant consuls, Narbonne, dite *Martienne*, dans la Gaule, reçut une colonie, il y a cent cinquante-

Coss. Neque facile memoriæ mandaverim, quæ. nisi militaris, post hoc tempus deducta sit.

XVI. Quum hæc particula operis velut formam propositi excesserit; quanquam intelligo mihi in hac tam præcipiti festinatione, quæ me rotæ pronive gurgitis, ac vorticis modo, nusquam patitur consistere, pene magis necessaria prætereunda, quam supervacua amplectenda; nequeo tamen temperare mihi, quin rem sæpe agitatam animo meo, neque ad liquidum ratione perductam, signem stylo.

Quis enim abunde mirari potest, quod eminentissima cujusque professionis ingenia, in eamdem formam, et in idem arctati temporis congruerint spatium? et quemadmodum clausa capso aliove septo diversi generis animalia, nihilominus, separata alienis, in unum quæque corpus congregantur; ita cujusque clari operis capacia ingenia in similitudinem et temporum et profectuum semetipsa ab aliis separaverint? Una.

trois ans. Vingt-trois ans après, pendant le sixième consulat de Marius, collègue de Valerius Flaccus, une colonie fut placée dans Eporædia, chez les Vagiennes. Il me semble que depuis ce temps on ne forma plus guère que des colonies militaires[22].

XVI. Cette partie de mon ouvrage s'écarte déjà de la forme que je me suis proposée. Je sens qu'entraîné par un mouvement aussi rapide que celui d'un char qui vole, ou d'un torrent qui se précipite, je dois plutôt omettre des détails nécessaires qu'en embrasser de superflus. Cependant, je ne puis ne pas insister ici sur une chose à laquelle j'ai souvent réfléchi, sans me l'être nettement expliquée.

Peut-on s'étonner assez de ce que les plus beaux génies, en différens genres, se rencontrent toujours dans la courte durée d'un même âge? Qu'on me permette une comparaison : rassemblez dans une même enceinte des animaux d'espèce différente, ils s'éloigneront de celle à laquelle ils n'appartiennent point, pour se réunir à la leur[23]. Ainsi, peut-être, les esprits capables de produire se sont-ils séparés des autres, pour atteindre, dans un même temps, un égal degré de perfection. En peu d'années, la tragédie prit

neque multorum annorum spatio divisa ætas, per divini spiritus viros Æschylum, Sophoclem, Euripidem, illustravit tragædias. Una priscam illam et veterem sub Cratino, Aristophane, et Eupolide comædiam; ac novam comicam Menandrus, æqualesque ejus ætatis magis, quam operis, Philemon ac Diphilus, et invenere intra paucissimos annos neque imitanda reliquere. Philosophorum quoque ingenia Socratico ore defluentia, quanto post Platonis, Aristotelisque mortem floruere spatio? Quid ante Isocratem, quid post ejus auditores, eorumque discipulos, clarum in oratoribus fuit? Adeo quidem arctatum angustiis temporum, ut nemo memoria dignus alter ab altero videri nequiverint.

XVII. Neque hoc in Græcis, quam in Romanis evenit magis. Nam, nisi aspera ac rudia repetas, et inventi laudanda nomine, in Accio, circaque eum Romana tragædia est; dulcesque latini leporis facetiæ per Cæcilium, Terentiumque et Afranium suppari ætate nituerunt. Historicos (ut et Livium quoque priorum ætati adstruas),

l'essor le plus brillant, sous la plume d'Eschyle, de Sophocle et d'Euripide, trois hommes animés d'un souffle divin. En peu d'années, Cratinus, Aristophane, Eupolis perfectionnèrent l'ancienne comédie. Dans un espace de temps assez court, Ménandre, ainsi que Philémon et Diphile, ses contemporains plutôt que ses rivaux, créèrent la comédie nouvelle, et laissèrent des pièces inimitables. Ces philosophes, dont la doctrine semble découler de la bouche même de Socrate, tardèrent-ils à paraître après Aristote et Platon? Avant Isocrate, après ses disciples et leurs élèves, quel homme a tenu quelque rang parmi les orateurs? Ils furent tous comme resserrés dans un si petit nombre d'années, que les premiers d'entre eux, et les plus dignes de mémoire, ont pu se voir et se connaître.

XVII. Telle fut la marche des choses, dans la Grèce, et telle nous allons la retrouver chez les Romains; car, à moins qu'on ne se reporte à ces informes essais que recommande le seul mérite de l'invention, il faut reconnaître pour époque de la tragédie romaine, les compositions d'Accius et de ses contemporains. Ce fut dans le cours d'un même âge que Cœcilius, Afranius et Té-

præter Catonem, et quosdam veteres et obscuros, minus LXXX annis circumdatum ævum tulit. Ut nec poetarum in antiquius citeriusve processit ubertas. At oratio ac vis forensis, perfectumque prosæ eloquentiæ decus, ut idem separetur Cato (pace Publii Crassi, Scipionisque, et Lælii, et Gracchorum, et Fannii, et Sergii Galbæ dixerim) ita universa sub principe operis sui erupit Tullio, ut delectari ante eum paucissimis, mirari vero neminem possis, nisi aut ab illo visum, aut qui illum viderit. Hoc idem evenisse grammaticis, plastis, pictoribus, sculptoribus, quisquis temporum institerit notis, reperiet, et eminentia cujusque operis arctissimis temporum claustris circumdata.

Hujus ergo præcedentisque sæculi ingeniorum similitudines congregantis et in studium par, et in emolumentum, causas quum semper requiro,

rence[24] firent briller les finesses et les grâces de notre langue. Quant aux historiens, rangeât-on Tite-Live au nombre des anciens, il est certain qu'à l'exception de Caton, de quelques autres, plus loin de nous et peu connus, l'espace qui les renferme ne comprend pas quatre-vingts ans. Le temps où la poésie répandit ses richesses ne remonte pas plus haut et ne descend pas plus bas. Pour ce qui regarde le talent oratoire, nous oserions dire, en mettant toujours Caton à part, et sans offenser la mémoire de Crassus, de Scipion, de Lœlius, des Gracchus, de Fannius, de Sergius Galba, qu'après Cicéron, et la hauteur où sont parvenus tous les genres d'éloquence, sous ce grand maître de l'art, il ne nous est possible de goûter qu'un très-petit nombre de ses devanciers, et d'admirer que les hommes qu'il a pu voir et ceux qui l'ont vu. Nous ferons la même remarque à l'égard des grammairiens, des peintres, des statuaires et des autres artistes. En observant l'époque à laquelle ces hommes ont paru, nous nous convaincrons que peu d'années ont suffi pour produire les chefs-d'œuvre de tous les arts.

Le siècle d'Auguste et le nôtre ont été féconds en génies heureux, échauffés d'une même émulation, animés par les mêmes avantages. *A quoi*

nunquam reperio, quas esse veras confidam, sed fortasse verisimiles, inter quas has maxime: Alit æmulatio ingenia, et nunc invidia, nunc admiratio incitationem accendit; matureque quod summo studio petitum est, ascendit in summum: difficilisque in perfecto mora est, naturaliterque quod procedere non potest, recedit; et ut primo ad consequendos, quos priores ducimus, accendimur, ita, ubi aut præteriri aut æquari eos posse desperavimus, studium cum spe senescit, et quod assequi non potest, sequi desinit, et velut occupatam relinquens materiam, quærit novam; præteritoque eo in quo eminere non possumus, aliquid, in quo nitamur, conquirimus; sequiturque ut frequens ac mobilis transitus maximum perfecti operis impedimentum sit.

XVIII. Transit admiratio a conditione temporum et ad urbium. Una urbs Attica pluribus annis eloquentiæ, quam universa Græcia, operibus floruit[17]; adeo ut corpora gentis illius separata sint in alias civitates, ingenia vero solis Atheniensium muris clausa existimes. Neque ego hoc ma-

tient donc l'infériorité du dernier[25] ? Il m'arrive souvent d'en rechercher les causes, et je n'en ai pas découvert dont la vérité m'ait frappé ; mais peut-être en ai-je aperçu de vraisemblables, et particulièrement celles-ci : l'émulation nourrit les esprits ; l'admiration et l'envie leur servent tour à tour d'aiguillon. Un grand succès est le prix d'un grand effort ; mais il est un point de perfection où l'art ne saurait s'arrêter long-temps ; et, par un effet naturel, ce qui n'avance plus rétrograde. D'abord, on s'enflamme pour atteindre ceux qui sont les premiers ; mais, dès qu'on ne se flatte plus de pouvoir les surpasser, ou même les égaler, le zèle se ralentit avec l'espérance. On ne poursuit plus ce qui nous échappe ; et, laissant comme envahie par d'autres la matière où l'on ne peut plus exceller, on en cherche une autre. Il résulte de cette mobilité, qu'on parvient difficilement à perfectionner un ouvrage.

XVIII. Voilà pour les temps : les lieux nous offriront un autre phénomène. La seule ville d'Athènes a brillé plus long-temps que la Grèce entière, par ses orateurs et ses écrivains. On eût dit que les esprits de cette nation étaient rassemblés dans les murs d'Athènes, et tout le reste distribué dans les autres villes. Je n'en suis pas

gis miratus sim, quam neminem Argivum, Thebanum, Lacedæmonium oratorem, aut dum vixit, autoritate, aut post mortem memoria dignum existimatum. Quæ urbes, et multæ aliæ, talium studiorum fuere steriles, nisi Thebas unum os Pindari illuminaret. Nam Alcmana Lacones falso sibi vindicant.

LIBRI PRIMI FINIS.

plus étonné, que de ne pas voir dans Sparte, dans Thèbes, ou dans Argos, un seul orateur dont le talent ait honoré la vie ou la mémoire. Ces villes, ainsi que plusieurs autres, étaient pour les arts un champ stérile : toutefois, exceptons-en Thèbes, sur laquelle le génie de Pindare jette un grand éclat. Sparte n'a pas été le berceau d'Alcman, quoiqu'elle s'en glorifie [26].

FIN DU PREMIER LIVRE.

NOTES

DU PREMIER LIVRE.

---

1. Cet Epeus est-il celui dont parle Virgile?

.... Et ipse doli fabricator Epeus.

2. Le refus qu'Ajax éprouva, dans sa querelle avec Ulysse, pour les armes d'Achille.

3. Cela ne s'accorde point avec la peinture que nous offrent tous les poètes, des tourmens d'Oreste, après son parricide.

.... Furiis agitatus Orestes.

4. L'un dans l'Argolide, et l'autre dans la Laconie.

5. Voici comment Florus, si souvent poète dans sa prose historique, parle de la Campanie : *Nihil mollius cœlo. Bis vernat floribus. Nihil uberius solo; ideo Liberi Cererisque certamen dicitur. Nihil hospitalius mari, etc.*

6. Cette fin de vers se trouve trois fois dans l'Iliade. Virgile a dit aussi :

Qualia nunc hominum producit corpora tellus.

Et Juvénal, *Sat.* XV :

Terra malos homines nunc educat, atque pusillos.

7. Les Annales d'Emilius Sura ne sont point parvenues jusqu'à nous.

8. Hésiode était de Cumes, et non d'Ascra; mais un long séjour dans cette ville, et surtout le vers des *Georgiques*,

Ascræumque cano romana per oppida carmen,

en ont fait sa patrie. Il paraît, au reste, que ce lieu n'en était pas digne. Voici la traduction de deux vers d'Hésiode, dans son poëme *des OEuvres et des Jours* : « Mon père vint habiter Ascra, « misérable village où l'hiver et l'été sont insup« portables, où le bonheur est impossible. »

9. Caton *le censeur* : il était auteur d'un livre sur les *origines*, que le temps nous a ravi.

10. Les jeux olympiques recommençaient tous les quatre ans. La Grèce en fit une époque, et ne compta plus que par olympiades. La première a commencé l'an 776, avant J.-C., et vingt trois ans avant la fondation de Rome. J.-C. est né la

première année de la cent quatre-vingt-quinzième olympiade.

On ne trouve plus de supputation par olympiades, après la trois cent quatrième.

11. Ces consuls étaient Appius Claudius et Licinius Crassus.

12. *Bis millies centies sestertium*, deux cent dix millions de sesterces.

13. *Eodem momento regnum Syriæ terruit, Ægypti texit*, dit Valère Maxime.

14. Cicéron, qui mérite plus de confiance que Velleius, a dit au contraire : « Non-seulement « ce fils de Scipion eût occupé le premier rang « parmi les orateurs, si la faiblesse de sa con- « stitution ne l'en eût empêché; mais il eût été, « comme son père, une des lumières de la ré- « publique; car, ajoute Cicéron, *ad paternam « magnitudinem doctrina uberior accesserat.* »

15. La *prétexte* était une robe blanche, bordée de pourpre, que les fils des Romains, dans les premières classes de la république, portaient jusqu'à la puberté.

16. Le vrai nom de ce Pseudo-Philippe était *Andriscus*. Florus n'en parle pas comme Pater-

culus. *Regiam formam*, dit-il, *regium nomen, animo quoque regio, implevit.* Flor., liv. II, chap. XIV.

17. Sœur d'Auguste, mais née d'une autre mère.

18. Tite-Live en parle bien différemment. *Ita placide*, dit-il, *a senatu responsum est, ut minus credi, de criminibus, quia nollent ea vera esse, appareret.*

19. Marcius Censorinus et M. Manlius.

20. Panetius, un des plus célèbres philosophes de la secte stoïcienne, vivait cent cinquante ans avant J.-C. Il vint d'Athènes à Rome, et les jeunes Romains des familles les plus distinguées accoururent à ses leçons. Panetius écrivit un traité sur les *devoirs de l'homme*, dont Cicéron a fait usage dans son livre que nous appelons si ridiculement *ses offices*. Panetius accompagna Scipion, lorsque ce dernier fut nommé, par le sénat, ambassadeur de la république auprès des rois de l'Orient, alliés des Romains.

. . . . . Nobiles
Libros Paneti. . . . .

a dit Horace.

Le célèbre historien Polybe, homme de guerre,

homme d'état, avait écrit son ouvrage en quarante livres. Il ne nous en reste que cinq.

Il fut un des mille Achéens que les Romains transportèrent à Rome, pour les punir d'avoir défendu la liberté de leur pays.

Polybe avait été l'ami de Scipion. Rome lui devint insupportable, après la mort de ce grand homme : il alla mourir dans sa patrie.

21. C'est-à-dire l'an 363 de sa fondation.

22. Ce chapitre est aride, mais assez précieux pour l'histoire; cependant on en a contesté l'exactitude. Voyez Hoffmann, sur les *Colonies romaines ;* et le P. Hardouin, sur les *Médailles des villes et colonies romaines.*

23. J'ai tâché d'ennoblir un peu ce que cette comparaison a d'ignoble.

24. Pourquoi Velleius n'a-t-il point nommé Plaute parmi les comiques? Varron a dit que, si les Muses parlaient latin, elles emprunteraient son style. Horace, au contraire, s'est moqué de ses partisans. Molière et Regnard ont donné tort au poète lyrique en imitant Plaute, l'un dans *Amphitrion*, l'autre dans *les Ménechmes.*

25. Ce passage est vraisemblablement altéré; car il paraît évident que Velleius compare ici les

deux siècles au désavantage du dernier. Or, si rien ne manque au texte, la fin de ce parallèle est en contradiction avec la phrase qui le commence. « Mais, dit un commentateur, il n'a voulu « s'expliquer qu'à demi, pour ne pas offenser « Tibère. » On peut le supposer; mais, dans ce cas, il eût pris un tour plus adroit, ou peut-être même eût-il évité la comparaison.

Le traducteur croit devoir ajouter deux mots à sa version, ou pour achever la pensée de l'historien, s'il a craint de la développer, ou pour remplir une lacune qui présente un contre-sens.

26. Le premier poète grec, connu par des vers érotiques. Il vivait l'an 672, avant J.-C. Athénée nous a conservé quelques fragmens de ses poésies.

FIN DES NOTES DU PREMIER LIVRE.

CAII

VELLEII PATERCULI

HISTORIA ROMANA.

LIBER SECUNDUS.

I. Potentiæ Romanorum prior Scipio viam aperuerat, luxuriæ posterior aperuit. Quippe remoto Carthaginis metu, sublataque imperii æmula, non gradu, sed præcipiti cursu a virtute descitum, ad vitia transcursum; vetus disciplina deserta, nova inducta, in somnum a vigiliis, ab armis ad voluptates, a negotiis in otium conversa civitas.

Tum Scipio Nasica in Capitolio porticus, tum, quas prædiximus, Metellus, tum in Circo Cnæus

HISTOIRE ROMAINE

DE CAIUS VELLEIUS

PATERCULUS.

LIVRE SECOND.

I. Le premier Scipion avait frayé la route à la puissance des Romains ; le second l'ouvrit au luxe corrupteur. Carthage, en tombant, laissait Rome sans crainte et sans rivale. Ce ne fut point par degrés, mais d'un élan rapide, qu'on s'éloigna de la vertu pour se précipiter dans tous les vices. Les mœurs antiques firent place à d'autres mœurs. Rome passa, des veilles, à la paresse ; des armes, aux voluptés ; des travaux, à la mollesse oisive.

Le Capitole avait été décoré de portiques par Scipion Nasica. Nous avons parlé de ceux de Métellus. Le cirque s'embellit aussi des portiques

Octavius multo amænissimam moliti sunt; publicamque magnificentiam secuta privata luxuria est.

Triste deinde et contumeliosum bellum in Hispania, duce latronum[1] Viriatho, secutum est; quod ita varia fortuna gestum est, ut sæpius Romanorum gereretur adversa. Sed interempto Viriatho fraude magis, quam virtute Servilii Cæpionis, Numantinum gravius exarsit. Hæc urbs nunquam plura quam decem millia propriæ juventutis armavit. Sed vel ferocia ingenii, vel inscitia nostrorum ducum, vel fortunæ indulgentia, quum alios duces, tum Pompeium, magni nominis virum, ad turpissima deduxit fœdera (hic primus e Pompeiis consul fuit) nec minus turpia ac detestabilia Mancinum Hostilium consulem. Sed Pompeium gratia impunitum habuit. Mancinum verecundia, quippe non recusando, perduxit huc, ut per Feciales nudus ac post tergum religatis manibus, dederetur hostibus; quem illi recipere se negaverunt, sicut quondam Caudini fecerunt, dicentes, *publicam violationem fidei non debere unius lui sanguine.*

de Cneius Octavius, qui l'emportaient en agrémens sur les autres. La magnificence des monumens publics enhardit le luxe des particuliers.

Rome ensuite porta ses armes en Espagne, et fit la guerre à Viriathus, chef de brigands; guerre honteuse et funeste, où le sort se déclara le plus souvent contre les Romains. Viriathus périt, non vaincu par Servilius Cœpion, mais livré par des traîtres; et la guerre de Numance s'alluma, plus fatale encore. Tels furent, ou l'intrépidité des défenseurs de Numance, ou l'inhabileté de nos généraux, ou le caprice de la fortune, qu'une ville qui ne pouvait armer plus de dix mille jeunes gens, pris dans son sein, força plusieurs chefs de nos armées à conclure des traités odieux et déshonorans. Du nombre de ces chefs, furent Pompée, général renommé (le premier consul de ce nom), et Mancinus Hostilius. Un grand crédit sauva Pompée. Confus de sa faute, Mancinus consentit à ce que les féciaux le livrassent à l'ennemi, nu, les mains liées derrière le dos. Mais les Numantins refusèrent de le recevoir, en disant que le sang d'un seul homme n'expiait point la violation de la foi publique. Les Samnites, après la défaite de Caudium, avaient tenu le même langage.

II. Immanem deditio Mancini civitatis movit dissensionem. Quippe Tiberius Gracchus, Tib. Gracchi, clarissimi atque eminentissimi viri filius, publii Africani ex filia nepos, quo quæstore et auctore id fœdus ictum erat, nunc graviter ferens aliquid a se factum infirmari, nunc similis vel judicii, vel pœnæ metuens discrimen, tribunus plebis creatus, vir alioqui vita innocentissimus, ingenio florentissimus, proposito sanctissimus, tantis denique adornatus virtutibus, quantas perfecta et natura et industria mortalis conditio recipit, Publio Mucio Scævola, Lucio Calpurino Coss., abhinc annos CLXII, descivit a bonis; pollicitusque toti Italiæ civitatem, simul etiam promulgatis agrariis legibus, omnibus statum concupiscentibus, summa imis miscuit, et in præruptum atque anceps periculum adduxit rempublicam, Octavioque collegæ pro bono publico stanti, imperium abrogavit; triumviros agris dividendis, colonisque deducendis creavit se, socerumque suum consularem Appium, et Gracchum fratrem, admodum juvenem.

II. Le parti qu'on prenait de livrer Mancinus, excita dans Rome un trouble effroyable. Tiberius Gracchus était questeur de l'armée de ce consul, et le traité de Numance avait été son ouvrage. Il souffrait impatiemment que Rome le désavouât : peut-être aussi craignait-il de se voir enveloppé dans la même accusation, et soumis au même châtiment. Il se fit élire tribun du peuple, il y a cent soixante-deux ans, sous le consulat de Lucius Calpurnius et de Mucius Scœvola. Tiberius Gracchus, fils de Titus Sempronius Gracchus, citoyen illustre, honoré des premières dignités, et petit-fils, par sa mère, de Scipion *l'Africain*, était de mœurs irréprochables, doué d'un heureux génie, pur et droit dans ses vues. Il possédait, en un mot, toutes les qualités que comporte la condition humaine, et que produit un beau naturel, perfectionné par l'éducation [1]. Tout à coup il se sépare des hommes estimés, promet à toute l'Italie le droit de cité, promulgue les lois agraires, pour flatter la multitude qui soupirait après un autre état de choses, brouille tout, bouleverse tout, et met la république au bord du précipice. Octavius, son collègue, défendait contre lui la cause du bien public ; il fut déposé. Tiberius se commit lui-même, avec le consulaire Appius, son beau-père, et son jeune frère, Caius

III. Tum Publius Scipio Nasica, ejus qui *optimus vir* a senatu judicatus erat, nepos, ejus qui censor porticus in Capitolio fecerat, filius; pronepos autem Cnæi Scipionis, celeberrimi viri. Publii Africani patruus, privatusque et[2] togatus, quum esset consobrinus Tiberii Gracchi, patriam cognationi præferens, et quidquid publice salutare non esset privatim alienum existimans, circumdata lævo brachio togæ lacinia, ex superiore parte Capitolii, summis gradibus insistens, hortatus est, *qui salvam vellent rempublicam, se sequerentur.* Tum optimates, senatus, atque equestris ordinis pars melior et major, et intacta perniciosis consiliis plebs, irruere in Gracchum stantem in area cum catervis suis, et concientem pene totius Italiæ frequentiam. Is fugiens, decurrensque clivo Capitolino, fragmine subsellii ictus vitam, quam gloriosissime degere potuerat, immatura morte finivit.

Gracchus, au soin de régler la répartition des terres et l'envoi des hommes destinés à les cultiver.

III. Un homme sacrifia, dans cette occasion, les intérêts du sang à ceux de la patrie : ce fut Scipion Nasica, petit-fils de ce Scipion que le sénat avait déclaré le plus vertueux des Romains, fils du *Censeur* qui construisit les portiques du Capitole, arrière petit-fils du célèbre Cnœus Scipion, oncle paternel de Scipion *l'Africain*, cousin de Tiberius Gracchus. Nasica, regardant comme étranger pour lui tout ce qui s'éloignait du bien public, quoiqu'il ne fût qu'un homme privé, quoiqu'il n'eût que les dehors d'un simple citoyen, alla se placer sur le plus haut degré du Capitole; et, relevant un pan de sa robe autour de son bras gauche, il engagea tout ce qui souhaitait la conservation de la république, à le suivre. Au même instant, les grands, les sénateurs, la plus forte et la plus saine partie des chevaliers, et la portion du peuple que ces dangereuses séductions n'avaient point atteinte, se précipitèrent sur le tribun. Du milieu de la place où se trouvait alors Gracchus, entouré de ses nombreux amis, il semblait appeler à la rébellion l'Italie tout entière. Réduit à fuir, il fut frappé de l'éclat d'un banc, sur la pente du mont Capitolin, et ter-

Hoc initium in urbe Roma civilis sanguinis, gladiorumque impunitatis fuit. Inde jus vi obrutum, potentiorque habitus prior; discordiæque civium antea conditionibus sanari solitæ, ferro dijudicatæ, bellaque non causis inita, sed prout eorum merces fuit. Quod haud mirum est. Non ibi consistunt exempla, unde cœperunt; sed quamlibet in tenuem recepta tramitem, latissime evagandi sibi viam faciunt; et ubi semel recto deerratum est, in præceps pervenitur; nec quisquam sibi putat turpe, quod alii fuit fructuosum.

IV. Interim, dum hæc in Italia geruntur, Aristonicus, mortuo rege Attalo, a quo Asia populo romano hæreditate relicta erat, sicut relicta postea est a Nicomede Bithynia, mentitus regiæ stirpis originem, armis eam occupat. Is victus a Marco Perpenna, ductusque in triumpho, sed Manio Aquilio, capite pœnas dedit, quum, initio belli Crassum Mucianum, virum juris scientissimum, decedentem ex Asia proconsulem interemisset.

mina, par une mort prématurée, des jours qu'il eût pu rendre glorieux.

Tel fut, dans Rome, le commencement de ces guerres affreuses, où le sang des citoyens coula tant de fois impunément. Bientôt la violence étouffa les lois : le plus fort se mit au premier rang. Les querelles que de paisibles conventions accommodaient, le glaive en devint juge. Les guerres n'eurent plus d'autres causes qu'un vil intérêt. Faut-il s'en étonner? l'exemple ne s'arrête point à sa source; ouvrez-lui le plus étroit sentier, vous le verrez élargir sa route et s'étendre. Dès qu'on s'est détourné du chemin qu'on devait suivre, on est emporté. On croit pouvoir faire sans honte, ce que d'autres ont fait avec avantage.

IV. Tels étaient les événemens qui se passaient en Italie. Cependant Aristonicus, à la mort d'Attale, roi de Pergame, dont il prétendait être le fils, s'empare de l'Asie, quoique ce prince eût légué son royaume aux Romains, comme Nicomède leur légua depuis la Bythinie. Marcus Perpenna défit Aristonicus; Manius Aquilius le traîna captif, à son triomphe; après quoi le sénat le punit de mort, comme meurtrier du célèbre jurisconsulte Crassus Mucianus, égorgé par ses ordres, au commencement de la guerre, lorsque ce romain quittait le proconsulat d'Asie.

Publius Scipio Africanus Æmilianus, qui Carthaginem deleverat, post tot acceptas circa Numantiam clades, creatus iterum consul, missusque in Hispaniam fortunæ, virtutique expertæ in Africa respondit in Hispania, et intra annum ac tres menses, quam eo venerat, circumdatam operibus Numantiam, excisamque æquavit solo. Nec quisquam ullius gentis hominum ante eum clariore urbium excidio nomen suum perpetuæ commendavit memoriæ. Quippe excisa Carthagine, ac Numantia, ab alterius nos metu, alterius vindicavit contumeliis.

Hic, cum interrogante tribuno Carbone, *quid de Tiberii Gracchi cæde sentiret*, respondit; *Si is occupandæ reipublicæ animum habuisset, jure cæsum.* Et cum omnis concio acclamasset: *Hostium*, inquit, *armatorum toties clamore non territus, qui possum vestro moveri, quorum noverca est Italia?* Reversus in urbem, intra breve tempus, Marco Aquilio, C. Sempronio Coss., abhinc annos CL, post duos consulatus, duosque triumphos, et bis excisos terrores reipublicæ,

Créé consul, pour la seconde fois, Publius Scipion Emilianus, qui portait le surnom d'*Africain*, depuis qu'il avait détruit Carthage, fut envoyé contre Numance, si souvent fatale à nos armes. L'Afrique avait éprouvé sa valeur et sa fortune; l'Espagne reconnut l'une et l'autre. Dans l'espace de quinze mois, Numance, qu'il avait investie, disparut sous ses ruines. Avant Scipion, aucun capitaine, de quelque nation que ce fût, n'illustra son nom par un plus glorieux exploit que la destruction de ces deux villes. La chute de Carthage mit fin à nos craintes; celle de Numance vengea nos affronts.

Le même Scipion, interrogé par le tribun Carbon, sur ce qu'il pensait du meurtre de Tiberius Gracchus, répondit que sa mort était juste, s'il avait eu le dessein d'asservir la république. Et comme cette réponse excita de grands cris parmi la multitude : « Eh! pensez-vous, reprit Scipion, que celui qui tant de fois a bravé « les menaces et les armes de l'ennemi, s'épouvante aux clameurs des gens dont l'Italie n'est « point la véritable mère [2]? » Peu de temps après son retour d'Espagne, ce Scipion, honoré d'un double consulat et d'un double triomphe, des-

mane in lectulo repertus est mortuus, ita ut quædam elisarum faucium in cervice reperirentur notæ. De tanti viri morte nulla habita est quæstio; ejusque corpus velato capite elatum est cujus opera super totum terrarum orbem Roma extulerat caput. Seu fatalem, ut pleures, seu conflatam insidiis, ut aliqui prodidere memoriæ, mortem obiit, vitam certe dignissimam egit, quæ nullius ad id temporis, præterquam avito, fulgore vinceretur. Decessit anno ferme LVI : de quo si quis ambiget, recurrat ad priorem consulatum ejus, in quem creatus est anno XXXVI : ita dubitare desinet.

V. Ante tempus excisæ Numantiæ, præclara in Hispania militia Auli Bruti fuit : qui penetratis omnibus Hispaniæ gentibus, ingenti vi hominum, urbiumque potitus numero, aditis quæ vix auditæ erant, *Gallæci* cognomen meruit.

Et ante eum paucis annis tam severum illius

tructeur de deux villes qui faisaient trembler la république, fut trouvé mort, le matin, dans son lit. Quelques marques empreintes sur son cou donnèrent des indices d'une mort violente. Rome le perdit sous le consulat de Marcus Aquilius et de Caius Sempronius. On ne fit aucune recherche sur la mort d'un si grand homme; et, le jour de ses funérailles, il fut porté, la tête couverte d'un voile; lui par qui Rome avait élevé la sienne au dessus de toutes les villes de l'univers! Mais, soit que la mort de Scipion ait été naturelle, comme plusieurs historiens l'ont écrit, soit, d'après l'opinion de quelques autres, qu'un crime en ait avancé l'instant, l'éclat de sa carrière effaça toutes les autres renommées, hors la gloire de son aïeul. Scipion mourut dans sa cinquante-sixième année; ce qui ne peut paraître douteux, si l'on remonte à son premier consulat : Scipion, à cette époque, était âgé de trente-six ans.

V. Avant la destruction de Numance, Aulus Brutus fit la guerre en Espagne avec beaucoup d'éclat. Il pénétra chez tous les peuples qui l'habitent, prit un grand nombre de villes et d'ennemis, s'avança jusqu'en des lieux à peine connus, et mérita le surnom de *Galicien*.

Peu d'années avant, Quintus *le Macédonique*

Quinti Macedonici in his gentibus imperium fuit, ut, cum urbem, Contrebiam nomine, in Hispania oppugnaret, pulsas præcipiti loco quinque cohortes legionarias eodem protinus subire juberet; facientibusque omnibus in[3] procinctu testamenta, velut ad certam mortem eundum foret, non deterritus proposito, perseverantia ducis, quem moriturum miserat, militem victorem recepit. Tantum effecit mixtus timori pudor, spesque desperatione quæsita! Hic virtute, ac severitate facti; at Fabius Æmilianus, Pauli exemplo, disciplinæ in Hispania fuit clarissimus.

VI. Decem deinde interpositis annis, qui Tiberium Gracchum, idem Caïum, fratrem ejus, occupavit furor, tam virtutibus ejus omnibus, quam huic errori similem, ingenio etiam, eloquentiaque longe præstantiorem. Qui, quum summa quiete animi civitatis princeps esse posset, vel vindicandæ fraternæ mortis gratia, vel præmuniendæ regalis potentiæ, ejusdem exempli

avait commandé l'armée romaine, dans ce même pays, avec l'autorité la plus sévère. A l'attaque de Contrebia, cinq cohortes légionnaires ayant été chassées d'une position escarpée, Quintus leur ordonna d'aller la reprendre aussitôt. Quoique chaque soldat, persuadé que sa perte était inévitable, testât de vive voix[3], en obéissant, le consul ne changea point de résolution; et, grâce à sa persévérance, on vit revenir victorieuses des troupes qui se croyaient envoyées à la mort : heureux effet de la terreur et de la honte à la fois, et de cette espérance qui naît du désespoir[4]! Quintus *le Macédonique* et Fabius Emilianus acquirent, l'un et l'autre, une grande réputation en Espagne; le premier, par sa valeur et sa rigidité; l'autre, en soumettant ses troupes à la discipline que Paul Émile avait établie.

VI. La même fureur de popularité s'empara de Caius Gracchus, dix ans après la mort de son frère. Il l'égalait en vertus, le surpassait en éloquence, et l'imita dans ses égaremens. Avec un esprit calme, il eût pu devenir le premier homme de la république. Mais, soit pour se frayer une route à l'autorité suprême, soit pour venger la mort de son frère, il entra, comme lui, dans la carrière du tribunat, élevant plus haut ses vœux et ses espérances. Non content d'accorder à

tribunatum ingressus, longe majora et acria repetens, dabat civitatem omnibus Italicis, extendebat eam pene usque Alpes; dividebat agros; vetabat quemquam civem plus quingentis jugeribus habere (quod aliquando lege Licinia cautum erat); nova constituebat portoria; novis coloniis replebat provincias; judicia a senatu transferebat ad equites; frumentum plebi dare instituerat: nihil immotum, nihil tranquillum, nihil quietum denique in eodem statu relinquebat. Quin alterum etiam continuavit tribunatum.

Hunc Lucius Opimius consul, qui prætor Fregellas exciderat, persecutus armis, unaque Fulvium Flaccum, consularem, ac triumphalem virum, æque prava cupientem, quem Caius Gracchus in locum Tiberii fratris triumvirum nominaverat, eumque socium regalis assumpserat potentiæ, morte afficit. Id unum nefarie ab Opimio proditum, quod capitis, non dicam Gracchi, sed civis romani, pretium se daturum, idque auro repensurum proposuit. Flaccus in Aventino armatos ad pugnam ciens, cum filio

tous les peuples d'Italie le droit de citoyen romain, il l'étendit presque jusqu'aux Alpes. Il partagea les terres ; il renouvela l'ancienne loi Licinia, qui défendait de posséder plus de cinq cents arpens ; il établit de nouveaux péages, remplit les provinces de nouvelles colonies, transféra des sénateurs aux chevaliers le droit de prononcer des jugemens. Il se proposait même de faire des distributions de blé à la multitude. Enfin, il ne laissa rien à sa place ; il porta partout la confusion et le désordre : bien plus, il se fit continuer dans l'exercice de sa magistrature.

Le consul Opimius, qui, pendant sa préture, avait détruit la ville de Fregelles, poursuivit, les armes à la main, Caius, et le complice de ses desseins, Fulvius Flaccus, homme consulaire, honoré d'un triomphe, nommé triumvir, par Gracchus, à la place de Tiberius, et que ce tribun, en affectant la puissance royale, destinait à la partager. La conduite d'Opimius fut coupable en cela seulement, qu'il mit à prix la tête, je ne dis pas de Gracchus, mais d'un citoyen romain, et qu'il offrit de la payer au poids de l'or[5]. Fulvius animait les siens au combat, sur le mont Aventin, lorsqu'il fut égorgé : l'aîné de ses fils eut le même sort. Gracchus fuyait ;

majore jugulatus est. Gracchus profugiens, quum jam comprehenderetur ab iis, quos Opimius miserat, cervicem Euporo servo præbuit, qui non segnius se ipse interemit, quam domino succurrerat. Quo die singularis Pomponii, equitis romani, in Gracchum fides fuit, qui more Coclitis, sustentatis in ponte hostibus, ejus gladio se transfixit. Ut Tiberii Gracchi antea corpus, ita Caii, mira crudelitate victorum, in Tiberim dejectum est.

VII. Hunc Tiberii Gracchi liberi, publii Scipionis Africani nepotes, viva adhuc matre Cornelia, Africani filia, viri optimis ingeniis male usi, vitæ mortisque habuere exitum. Qui si civilem dignitatis concupissent modum, quidquid tumultuando adipisci gestierunt, quietis obtulisset respublica.

Huic atrocitati adjectum scelus unicum. Quippe juvenis specie excellens, necdum duodevigesimum transgressus annum, immunisque delictorum paternorum, Fulvii Flacci filius, quem pater legatum de conditionibus miserat, ab Opimio inte-

mais, tout près d'être atteint par ceux qu'Opimius avait envoyés à sa poursuite, il tendit la gorge à son esclave Euporus, qui fut aussi courageux en lui prêtant ce fatal secours, qu'en refusant de lui survivre. Pomponius, chevalier romain, donna, le même jour, à Caius Gracchus, la preuve d'un rare dévouement. Après avoir soutenu, sur un pont, l'effort des ennemis, comme Horatius Coclès, il se perça de l'épée de son ami. Le corps de Tiberius avait été jeté dans le Tibre; les vainqueurs traitèrent les restes de Caius avec la même inhumanité.

VII. Tel fut le sort des fils de Tiberius Sempronius Gracchus : l'abus de leurs talens les perdit. Cornélie, fille de Scipion *l'Africain*, et leur mère, les vit périr tous les deux. La république leur eût offert d'elle-même ses emplois, s'ils les eussent brigués en citoyens, au lieu de vouloir les emporter en factieux.

Leur mort fut suivie d'un crime atroce. Opimius fit assassiner le fils de Fulvius Flaccus, jeune homme d'une beauté remarquable, à peine âgé de dix-huit ans, et que son père, aux excès duquel il n'avait aucune part, envoyait proposer les conditions d'un accommodement. Un arus-

remptus est. Quem quum aruspex Tuscus, amicus, flentem in vincula duci vidisset : *quin tu hoc potius*, inquit, *facis?* protinusque illiso capite in pontem lapideum januæ carceris, effusoque cerebro expiravit. Crudelesque mox quæstiones in amicos clientesque Gracchorum habitæ sunt. Sed Opimium, virum alioqui sanctum et gravem, damnatum postea judicio publico, memoria ipsius sævitiæ, nulla civilis persecuta est misericordia. Eadem Rutilium, Popiliumque, qui consules asperrime in Tiberii Gracchi amicos sævierant, postea judiciorum publicorum merito oppressit invidia. *

Factum Opimii, quod inimicitiarum quæsita

* J'ai cru devoir supprimer de la traduction, et même du texte, quelques lignes que les lecteurs retrouveront à la fin de cette note. On ne conçoit pas que Velleius ait coupé le récit d'un événement important, par une remarque futile et même ridicule, dont le seul objet est probablement de ramener le nom de Vinicius et l'époque de son consulat.

Rei tantæ parum ad notitiam pertinens interponetur. Hic est Opimius, a quo consule celeberrimum

pice toscan, son ami, surprit des larmes dans ses yeux, pendant qu'on le traînait en prison : « Eh! « que ne m'imites-tu! » lui dit-il; et, dans le même moment, cet homme se précipite contre un pont de pierre, à l'entrée de la prison. Le coup brisa sa tête et fit jaillir sa cervelle. Bientôt, les amis de Gracchus furent en butte aux poursuites les plus rigoureuses. Mais, à son tour, Opimius essuya, quelque temps après, une condamnation publique, dont la sainteté de ses mœurs ne le préserva point; et, comme on se souvenait de sa cruauté, son malheur n'intéressa personne. La haine publique applaudit pareillement à la condamnation de Rutilius et de Popilius, qui, durant leur consulat, avaient sévi, sans ménagement, contre les amis des deux frères.

La conduite d'Opimius eut peu d'approba-

Opimiani vini *nomen, quod jam nullum esse, spatio annorum colligi potest, quum ab eo sint ad te, Marce Vinici, consulem, anni* CLI.

« Mêlons à ces grandes choses un fait dont la con-« naissance n'est pas fort importante. C'est du consulat « de cet Opimius, que le célèbre vin *Opimien* a reçu « son nom. La date en est assez éloignée pour nous « faire croire que ce vin n'existe plus, puisqu'un laps « de cent cinquante-un ans, Marcus Vinicius, sépare « ce consulat du vôtre. »

erat ultio, minor secuta auctoritas; et visa ultio, privato odio magis, quam publicæ vindictæ data.

VIII. Subinde, Porcio, Marcioque Coss., deducta colonia, Narbo *Martius*.

Mandetur deinde memoriæ severitas judiciorum. Quippe Caïus Cato consularis, Marci Catonis nepos, Africani sororis filius, repetundarum ex Macedonia damnatus est quum lis ejus IV millibus æstimaretur. Adeo illi viri magis voluntatem peccandi intuebantur, quam modum, factaque ad consilium dirigebant, et quid, non in quantum admissum foret, estimabant.

Circa eadem tempora, Marcus et Caïus Metelli fratres uno die triumphaverunt. Non minus clarum exemplum, et adhuc unicum Fulvii Flacci, ejus qui Capuam ceperat, filiorum, sed alterius in adoptionem dati, in collegio consulum fuit, adoptivus in Acidini Manlii familiam datus. Nam censura Metellorum, patruelium, non ger-

teurs, parce qu'elle parut passionnée. On vit un homme qui satisfaisait une animosité personnelle, plutôt qu'un citoyen qui vengeait la république.

VIII. On établit à Narbonne une colonie qui fut appelée *Martienne*. Porcius et Marcius étaient consuls.

Je ne dois pas omettre un fait qui dépose de la sévérité des jugemens. Caius Caton, homme consulaire, petit-fils de Marcus Caton, et neveu, par sa mère, de Scipion *l'Africain*, accusé d'une concussion, dans son gouvernement de Macédoine, fut condamné, quoique la somme qu'il avait exigée ne s'élevât point au-delà de quatre mille sesterces [6] : ce qui prouve que ces premiers Romains étaient moins attentifs à la faute en elle-même, qu'à la volonte de la commettre. Ils considéraient l'intention du coupable et le genre du délit, sans en mesurer l'étendue.

Rome vit en ce temps-là deux frères, Marcus et Caius Metellus, triompher le même jour. Un exemple non moins éclatant, et même unique jusqu'alors, avait été donné pour les fils de ce Fulvius Flaccus, qui s'était illustré par la prise de Capoue. Ils furent collègues dans le consulat ; mais l'un d'eux avait passé, par adoption, dans la famille d'Acidinus Manlius. Deux Métellus avaient été censeurs en même temps ; mais ils

manorum fratrum fuit; quod solis contigerat Scipionibus.

Tum Cimbri et Teutoni transcendere Rhenum, multis mox nostris, suisque cladibus nobiles.

Per eadem tempora, clarus ejus Minucii, qui Porticus, quæ hodieque celebres sunt, molitus est, ex Scordiscis triumphus fuit.

IX. Eodem tractu temporum nituerunt oratores Scipio Æmilianus, Lælinsque, Sergius Galba, duo Gracchi, Caïus Fannius, Carbo Papirius. Nec prætereundus Metellus *Numidicus*, et Scaurus, et ante omnes Lucius Crassus, et Marcus Antonius. Quorum ætati ingeniisque successere Caïus Cæsar Strabo et Publius Sulpicius. Nam Quintus Mucius juris scientia, quam eloquentiæ nomine, celebrior fuit.

Clara etiam per idem ævi spatium fuere ingenia, in togatis Afranii, in tragædiis Pacuvii, atque Accii, usque in Græcorum ingeniorum comparationem evecti, magnumque inter hos ipsos facientis operi suo locum, adeo quidem ut in

étaient cousins, et non pas frères. Cet honneur ne fut décerné qu'aux deux Scipions.

Les Cimbres et les Teutons passèrent le Rhin, et se rendirent célèbres par nos défaites et par celles qu'ils essuyèrent.

Minucius, à qui l'on doit ces portiques admirés encore de nos jours, triompha glorieusement des Scordisques.

IX. Dans ce siècle, brillèrent de grands orateurs; Scipion Emilianus, Lœlius, Sergius Galba, les deux Gracchus, Caius Fannius, Carbon Papirius. Citons aussi Metellus *le Numidique*, Scaurus, et, préférablement à tous, Lucius Crassus et Marc Antoine, qui, peu de temps après, eurent pour héritiers de leurs talens Caius César Strabon et Publius Sulpicius. Quant à Mucius, il fut moins célèbre par l'éloquence, que par la science du droit et des lois.

D'autres génies illustrèrent cette époque. Afranius composa des comédies dont il prit les sujets dans nos mœurs. Les tragédies de Pacuvius et d'Accius 7 parurent dignes d'entrer en comparaison avec celles des Grecs; le dernier surtout pourrait occuper, parmi eux, un rang

illis limæ, in hoc pene plus videatur fuisse sanguinis. Celebre et Lucilii nomen fuit, qui sub Publio Africano, Numantino bello, eques militaverat; quo quidem tempore juvenis adhuc Jugurtha, ac Marius, sub eodem Africano militantes, in iisdem castris didicere, quæ postea in contrariis facerent.

Historiarum auctor jam tum Sisenna erat juvenis, sed opus *belli civilis Syllani* post aliquot annos ab eo seniore editum est. Vetustior Sisenna fuit Cælius, æqualis Sisennæ Rutilius, Claudius Quadrigarius, et Valerius Antias.

Sane non ignoremus eadem ætate fuisse Pomponium, sensibus celebrem, verbis rudem, et novitate inventi a se operis commendabilem.

X. Persequamur notam severitatem censorum, Cassii Longini, Cæpionisque, qui abhinc annos CLV, Lepidum Æmilium augurem, quod VI millibus ædes conduxisset, adesse jusserunt. At nunc si quis tanti habitet, vix ut Senator agnoscitur. Adeo mature a rectis in vitia, a

honorable. On reconnaît dans les Grecs un art plus laborieux ; j'oserai dire que le Romain a plus de vie. Lucilius se fit aussi beaucoup de réputation. Pendant la guerre de Numance, il avait servi, dans la cavalerie, sous Publius Scipion *l'Africain*. Marius, et Jugurtha jeune encore, firent leurs premières armes sous ce même Scipion. Ils acquirent, dans un même camp, l'habileté qu'ils déployèrent ensuite l'un contre l'autre.

Sisenna, quoique jeune, écrivait l'histoire. Mais ce ne fut que dans sa vieillesse qu'il fit paraître celle des guerres civiles de Sylla. Cœlius était plus ancien que Sisenna, qui fut contemporain de Rutilius, de Claudius Quadrigarius et de Valerius Antias.

Rappelons qu'en ce même temps vivait Pomponius, écrivain dont le style a de la rudesse, mais qui pense. Il se recommande aussi par l'invention d'un genre de composition [8].

X. Nous citerons encore un trait de la rigidité des censeurs Cassius Longinus et Cœpion. Ils appelèrent devant eux (il y a cent cinquante-cinq ans) l'augure Emilius Lepidus, parce qu'il payait, de sa maison, un prix annuel de six mille sesterces. De nos jours, on aurait peine à reconnaître un sénateur dont l'habitation serait aussi modeste, tant la pente est rapide du bien au mal,

vitiis in prava, a pravis in præcipitia pervenitur!

Eodem tractu temporum, et Domitii ex Arvernis, et Fabii ex Allobrogibus victoria fuit nobilis. Fabio, Pauli nepoti, ex victoria cognomen *Allobrogico* inditum. Notetur Domitiæ familiæ peculiaris quædam, et, ut clarissima, ita arctata numero felicitas. Quatuor ante hunc, nobilissimæ simplicitatis juvenem, Cnæum Domitium, fuere singuli omnino parentibus geniti, sed omnes ad consulatum, sacerdotiaque, ad triumphi autem pene omnes pervenerunt insignia.

XI. Bellum deinde Jugurthinum gestum est per Quintum Metellum, nulli secundum saeculi sui. Hujus legatus fuit Caïus Marius, quem prædiximus, natus agresti loco, hirtus atque horridus, vitaque sanctus, quantum bello optimus, tantum pace pessimus, immodicus gloriæ, insatiabilis, impotens, semperque inquietus. Hic per publicanos, aliosque in Africa negotiantes, criminatus *Metelli lentitudinem, trahentis jam in*

du mal à de plus grands excès, et de là bientôt aux derniers dérèglemens !

Le même moment fut marqué par deux victoires éclatantes. Domitius remporta la première sur les peuples d'Auvergne, et Fabius la seconde, sur les Allobroges. Il en acquit le surnom d'*Allobrogique*. Fabius était petit-fis de Paul Émile. C'est une chose à remarquer que la destinée singulièrement heureuse des Domitius ; destinée toutefois qui se renferma dans un petit nombre de personnes de cette famille. Un de nos contemporains, ce jeune Domitius, dont nous aimons la noble simplicité, compte parmi ses ancètres trois hommes qui, tous fils uniques, furent élevés au consulat, au sacerdoce, et presque tous aux honneurs du triomphe.

XI. Quintus Metellus, que n'effaçait aucun général de son siècle, fit ensuite la guerre contre Jugurtha. Marius, que j'ai déjà nommé (*voyez* chap. IX), était son lieutenant ; Marius, homme d'une naissance obscure, d'un naturel dur et farouche [9], de mœurs austères, redoutable à l'ennemi pendant la guerre, aux citoyens pendant la paix, affamé de gloire, insatiable d'honneurs, incapable de modération et de repos. Marius se servit des publicains et d'autres gens qui commerçaient en Afrique, pour calomnier

tertium annum bellum, et naturalem nobilitatis superbiam, morandique in imperiis cupiditatem, effecit, ut, quum, commeatu petito, Romam venisset, consul crearetur, bellique pene patrati a Metello, qui bis Jugurtham acie fuderat, summa committeretur sibi.

Metelli tamen et triumphus fuit clarissimus, et meritum, virtutique cognomen *Numidici* inditum. Ut paulo ante Domitiæ familiæ, ita Cæciliæ notanda claritudo est. Quippe intra XII ferme annos hujus temporis consules fuere Metelli, aut censores, aut triumpharunt amplius XII; ut appareat, quemadmodum urbium, imperiorumque, ita gentium nunc florere fortunam, nunc senescere, nunc interire.

XII. At Caïus Marius Lucium Syllam, jam tunc ut præcaventibus fatis, copulatum sibi questorem habuit; et per eum missum ad regem Boc-

les sages lenteurs de Metellus. A les entendre, Metellus ne prolongeait la guerre, depuis trois années, que par cette orgueilleuse prétention, naturelle aux nobles, de se perpétuer dans les commandemens. Ces manœuvres le menèrent à son but. Il eut la permission de se rendre à Rome, obtint le consulat, et fut chargé de conduire la guerre contre Jugurtha, que Metellus, deux fois vainqueur de ce roi numide, avait presque terminée. Rome n'en reconnut pas moins le mérite supérieur de Metellus. Son triomphe eut un grand éclat, et sa valeur fut récompensée du surnom de *Numidique*.

J'ai fait remarquer l'illustration des Domitius; rappelons aussi celle des Cœcilius Metellus. Au temps dont nous parlons, plus de douze Metellus parvinrent, en moins de douze années, aux honneurs du consulat, de la censure ou du triomphe. Il en est des familles comme des villes et des empires : on les voit fleurir, vieillir et s'éteindre.

XII. Caius Marius eut Lucius Sylla pour questeur, comme si la prévoyance des Destins eût voulu lier ces deux hommes. Marius envoya Sylla vers le roi Bocchus, qui lui livra Jugurtha.

chum, Jugurtha rege, abhinc annos ferme cxxxviii, positus est. Designatusque iterum consul, in urbem reversus, secundi consulatus initio, kalendis januariis, eum in triumpho duxit.

Effusa, ut prædiximus, immanis vis germanicarum gentium, quibus nomen Cimbris ac Teutonis erat, quum Cæpionem, Manliumque consulem, et ante Carbonem, Silanumque fudissent, fugassentque in Galliis, et exuissent exercitu; Scaurumque Aurelium consularem, et alios celeberrimi nominis viros trucidassent; populus romanus non alium repellendis tantis hostibus magis idoneum imperatorem, quam Marium, est ratus. Tum multiplicati consulatus ejus.

Tertius in apparatu belli consumptus. Quo anno Cnæus Domitius, tribunus plebis, legem tulit, *ut sacerdotes*, quos antea collegæ sufficiebant, *populus crearet*.

Quarto, trans Alpes circa Aquas Sextias cum Teutonis conflixit, amplius cl hostium, priore ac postero die ab eo trucidatis, gensque excisa Teutonum.

Désigné consul, pour la seconde fois, et de retour à Rome, il y triompha du prince numide, aux calendes de janvier, et dans les premiers jours de ce second consulat.

J'ai déjà parlé des Cimbres et des Teutons, peuplades guerrières qui s'étaient débordées de la Germanie dans les Gaules. Cœpion, le consul Manlius, Carbon, Silanus, s'étaient battus contre eux sans succès. Ces barbares avaient défait, mis en fuite, anéanti leurs armées, égorgé le consulaire Aurelius Scaurus, et plusieurs autres Romains d'un nom illustre. Marius parut le seul homme capable de repousser des ennemis si formidables, et les consulats lui furent prodigués.

Pendant le troisième, il s'occupa des préparatifs de la guerre. Ce fut dans le cours de cette année que le tribun Cnæus Domitius fit une loi par laquelle il attribuait au peuple le droit de nommer au sacerdoce. Ce droit avait appartenu jusqu'alors au collége des prêtres.

Le quatrième consulat de Marius fut signalé par la défaite entière des Teutons, près des eaux de Sextius, au-delà des Alpes. La bataille dura deux jours. Cent cinquante mille Teutons y périrent. Cette nation fut exterminée.

Quinto, citra Alpes in campis, quibus nomen erat Raudiis, ipse consul, et proconsul Quintus Lutatius Catulus fortunatissimo decertavere prælio. Cæsa aut capta amplius c millia hominum. Hac victoria videtur meruisse Marius, ne ejus nati rempublicam pœniteret, ac mala bonis repensasse.

Sextus consulatus veluti præmium ei meritorum datus. Non tamen hujus consulatus fraudetur gloria; quo Servilii Glauciæ, Saturninique Apuleii furorem, continuatis honoribus rempublicam lacerantium, et gladiis quoque et cæde comitia discutientium, consul armis compescuit, hominesque exitiabiles in Hostilia curia morte multavit.

XIII. Deinde interjectis paucis annis, tribunatum iniit Marcus Livius Drusus, vir nobilissimus, eloquentissimus, sanctissimus, meliore in omnia ingenio, animoque, quam fortuna usus. Qui, quum senatui priscum restituere cuperet decus, et judicia ab equitibus ad eum transferre

Pendant son cinquième consulat, Marius, aidé du proconsul Quintus Lutatius Catulus, attaqua les Cimbres dans les plaines appelées Raudiennes, en deçà des Alpes. Les armes romaines ne furent pas moins heureuses. On compta plus de cent mille hommes, tués ou pris. Par cette victoire, Marius mérita que la république se consolât de sa naissance. Le bien qu'il fit à l'état fut d'avance une compensation des maux qu'il lui préparait.

Son sixième consulat fut le prix de ses services. Mais il lui valut une gloire qu'on ne doit pas lui dérober. Rome était déchirée par les fureurs de deux tribuns, Servilius Glaucias et Saturninus Apuleius, qui s'étaient maintenus violemment dans leur magistrature, et qui, les armes à la main, ensanglantaient et dispersaient les comices. Le consul marcha contre eux, et mit fin à ces désordres. Leurs pernicieux auteurs furent punis de mort, dans la cour *Hostilia*.

XIII. Marcus Livius Drusus entra, peu d'années après, dans les fonctions du tribunat. Il était d'une naissance illustre, éloquent, vertueux; mais il fut plus sage dans ses vues et dans ses projets, qu'heureux dans leur exécution. Son but avait été de faire recouvrer au sénat sa dignité première et le droit de rendre des jugemens;

ordinem (quippe eam potestatem nacti equites Gracchanis legibus, quum in multos clarissimos, atque innocentissimos viros sævissent, tum Publium Rutilium, virum non sæculi sui, sed omnis ævi optimum, interrogatum lege repetundarum, maximo cum gemitu civitatis damnaverant), in iis ipsis, quæ pro senatu moliebatur, senatum habuit adversarium, non intelligentem, si qua de plebis commodis ab eo agerentur, veluti inescandæ illiciendæque multitudinis causa fieri, ut, minoribus perceptis, majora permitteret. Denique ea fortuna Drusi fuit, ut malefacta collegarum, quam ejus optime ab ipso cogitata, senatus probaret magis; et honorem, qui ab eo deferebatur sperneret; injurias, quæ ab aliis intendebantur, æquo animo reciperet; et hujus summæ gloriæ invideret, illorum modicam ferret.

XIV. Tum conversus Drusi animus, quando bene cœpta male cedebant, ad dandam civitatem Italiæ. Quod quum moliens revertisset e foro, immensa illa, et incognita, quæ cum semper co-

droit que les chevaliers exerçaient, d'après une loi de Gracchus, et dont ils abusaient. C'était peu d'avoir injustement sévi contre des citoyens illustres; ils demandèrent des restitutions à Publius Rutilius, et Rome vit, en gémissant, la condamnation du plus honnête homme qui fut alors et qu'on eût jamais connu [10]. Ce que Drusus entreprenait en faveur du sénat trouva de l'opposition dans le sénat même. Le sénat ne sentit point que le tribun, par l'attrait de quelques propositions favorables à la multitude, cherchait à la gagner, et lui faisait de petites concessions pour obtenir de grands avantages [11]. Enfin, tel fut le malheur de Drusus, que les sénateurs aimèrent mieux approuver les mauvaises actions de ses collègues, que de rendre justice à la droiture de ses intentions; que lorsqu'ils se laissaient outrager par les autres tribuns, ils refusèrent l'honneur que Drusus leur offrait; qu'enfin ils supportèrent plus aisément des hommes médiocrement honorés, que celui dont la gloire les blessait.

XIV. Le mauvais succès de ses louables desseins lui fit prendre la résolution de donner le droit de citoyen romain aux peuples d'Italie. Cette idée l'occupait, lorsqu'un jour, revenant du *Forum*, au milieu d'une foule de gens incon-

mitabatur, cinctus multitudine, in atrio domus suæ cultello percussus, qui affixus lateri ejus relictus est, intra paucas horas decessit. Sed, quum ultimum redderet spiritum, intuens circumstantium, mœrentiumque frequentiam, effudit vocem convenientissimam conscientiæ suæ : *Ecquando*, inquit, *propinqui amicique, similem mei civem habebit respublica?* Hunc finem clarissimus juvenis habuit.

Cujus morum minime omittatur argumentum. Quum ædificaret domum in Palatio, in eo loco, ubi est quæ quondam Ciceronis, mox Censorini fuit, nunc Statilii Sisennæ est, promitteretque ei architectus; *ita se eam ædificaturum, uti libera a conspectu, immunis ab omnibus arbitris esset, neque quisquam in eam despicere posset : Tu vero*, inquit, *si quid in te artis est, ita compone domum meam, ut, quidquid agam, ab omnibus perspici possit.*

XV. In legibus Gracchi inter perniciosissima numeraverim, quod extra Italiam colonias posuit. Id majores, quum viderent tanto potentio-

nus qui l'accompagnaient toujours, il fut frappé d'un coup de poignard à l'entrée de sa maison. L'arme resta dans la plaie. Peu d'heures après, le tribun expira. Près de rendre le dernier soupir, Drusus, tournant les yeux sur ceux qui l'entouraient, et dont la douleur était profonde, leur adressa ces paroles, si conformes aux sentimens dont il était animé : « O mes parens! ô « mes amis, la république retrouvera-t-elle un « citoyen qui me ressemble? » Ainsi mourut cet illustre Romain, à la fleur de son âge.

Je n'oublierai pas un trait qui peint la pureté des mœurs de Drusus. Il faisait bâtir une maison sur le mont Palatin, au lieu même où l'on voit encore celle qui fut occupée par Ciceron, par Censorinus, et qui l'est aujourd'hui par Statilius Sisenna. Comme l'architecte lui proposait de la construire de façon qu'il y fût à l'abri des regards curieux : « Faites le contraire, répondit « Drusus; et si votre art vous en fournit les « moyens, disposez ma maison de telle sorte, « que mes actions puissent être vues de tout le « monde [12]. »

XV. Une des plus pernicieuses lois de Caius Gracchus, fut, sans contredit, celle qu'il porta pour établir des colonies hors de l'Italie. La politique de nos pères était bien plus sage : ils

rem Tyro Carthaginem, Massiliam Phocæa, Syracusas Corintho, Cyzicum ac Byzantium Mileto, genitali solo, diligenter vitaverant, ut cives Romanos ad *censendum* ex provinciis in Italiam revocaverint.

Prima autem extra Italiam colonia Carthago condita est.

Mors Drusi jampridem tumescens, bellum excitavit *Italicum*. Quippe Lucio Cæsare, Publio Rutilio Coss., abhinc annos cxx, universa Italia, quum id malum ab Asculanis esset (quippe Servium prætorem, Fonteiumque legatum occiderant), ac deinde a Marsis exceptum, in omnes penetrasset regiones, arma adversus Romanos cæpit. Quorum ut fortuna atrox, ita causa fuit justissima. Petebant enim eam civitatem, cujus imperium armis tuebantur; *per omnes annos, atque omnia bella, duplici numero se militum equitumque fungi, neque in ejus civitatis jus recipi, quæ per eos in id ipsum pervenisset fastigium, per quod homines ejusdem et gentis et*

voyaient Carthage, Marseille, Syracuse, Byzance et Cyzique, devenues plus puissantes que Tyr, Phocée, Corinthe et Milet, leurs cités maternelles[13]. Cette leçon ne fut pas perdue pour eux. Aussi ne manquaient-ils pas de rappeler en Italie, par l'obligation de se soumettre au cens, tous les Romains qui se trouvaient épars dans les provinces.

Carthage fut la première ville étrangère qui reçut une colonie romaine.

Le feu de la guerre italique aa couvait depuis long-temps; la mort de Drusus l'alluma tout à coup, et les habitans d'Asculum l'irritèrent en massacrant le préteur Servius et le lieutenant Fonteius. La rébellion gagna les Marses, et de là s'étendit aux autres contrées; de sorte que les Romains, sous les consuls Lucius César et Publius Rutilius (il y a cent vingt ans), eurent pour ennemis les peuples ligués de toute l'Italie. Mais le sort des alliés fut aussi malheureux que leur cause était juste. Car enfin, que demandaient-ils? Le droit de cité dans la capitale d'un empire dont ils étaient les défenseurs. « A chaque « guerre, disaient-ils, et tous les ans, ils fournissaient un double contingent de troupes, « soit à pied, soit à cheval, et Rome refusait « d'admettre au nombre de ses citoyens des

sanguinis, ut externos alienosque fastidire posset. Id bellum amplius ccc millia juventutis Italicæ abstulit.

Clarissimi autem imperatores fuerunt Romani eo bello, Cnæus Pompeius, Cnæi Pompeii Magni pater, Caïus Marius, de quo prædiximus, Lucius Sylla, anno ante prætura functus, Quintus Metellus, *Numidici* filius, qui meritum cognomen *Pii* consecutus erat. Quippe expulsum civitate a Lucio Saturnino tribuno plebis, quod solus in leges ejus jurare noluerat, pietate sua, auctoritate senatus, consensu reipublicæ restituit patrem. Nec triumphis honoribusque, quam aut causa exilii, aut exilio, aut reditu clarior fuit Numidicus.

XVI. Italicorum autem fuerunt celeberrimi Duces, Silo Pompedius, Hirnus Asinius, Insteius Cato, Caïus Pontidius, Telesinus Pontius, Marius Egnatius, Papius Mutilus.

Neque ego, verecundia, domestici sanguinis gloriæ quidquam, dum verum refero, subtraham. Quippe multum Minatii Magii, avi mei, ascula-

« hommes par lesquels elle avait acquis cette « grandeur dont elle était fière, jusqu'à mépriser « des peuples du même sang et d'une même ori- « gine ! » Cette guerre fit perdre à l'Italie plus de trois cent mille hommes, la fleur de sa jeunesse.

Les généraux qui s'y distinguèrent furent, parmi les Romains, Cnæus Pompée, père du grand Pompée, Caius Marius, dont j'ai déjà parlé, Lucius Sylla, qui sortait de la préture, Quintus Metellus Pius, fils du Numidique. Il mérita ce surnom de *Pius*, lorsque sa tendresse filiale, aidée de l'autorité du sénat et de l'assentiment unanime de la république, ménagea le retour de son père, exilé par Lucius Saturninus, pour s'être refusé seul au serment d'observer les lois que ce tribun avait publiées. La cause de l'exil de Metellus, son exil même et son retour ne furent pas moins glorieux pour lui que ses dignités et ses triomphes [14].

XVI. Les principaux chefs des alliés étaient Pompedius *Silon*, Hirnus Asinius, Insteius *Caton*, Caius Pontidius, Telesinus Pontius, Marius Egnatius, Papius Mutilus.

Eh ! pourquoi déroberais-je quelque chose à la gloire de mon sang, par une modestie déplacée, quand je n'ai rien à dire qui ne soit conforme à la vérité ? Minatius Magius, d'Asculum,

nensis, tribuendum est memoriæ; qui nepos Decii Magii, Campanorum principis, celeberrimi et fidelissimi viri, tantam hoc bello Romanis fidem præstitit, ut cum legione, quam ipse in Hirpinis conscripserat, Herculaneum simul cum Tito Didio caperet, Pompeiios cum Lucio Sylla oppugnaret, Cosamque occuparet. Cujus de virtutibus quum alii, quum maxime, dilucideque Quintus Hortensius in Annalibus suis retulit; cujus pietati plenam populus romanus gratiam retulit, ipsum viritim civitate donando, ac duos filios ejus creando prætores, quum seni adhuc crearentur.

Tam varia atque atrox fortuna Italici belli fuit, ut per biennium continuum Romani consules, Rutilius, ac deinde Cato Portius, ab hostibus occiderentur, exercitus Pop. Romani multis in locis funderentur, utque ad saga iretur, diuque in eo habitu maneretur. Caput imperii sui Corfinium legerant, quod appellarunt *Italicum*. Paulatim deinde recipiendo in civitatem qui arma, aut non ceperant, aut deposuerant maturius, vires refectæ

mon troisième aïeul, est digne d'un honorable souvenir. Petit-fils d'un des principaux habitans de Capoue, de Decius Magius, personnage illustre, dont Rome éprouva la fidélité, Minatius ne fut pas moins fidèle. A la tête d'une légion qu'il avait levée lui-même dans le pays des Hirpins, il prit Herculanum avec Titus Didius, se joignit à Lucius Sylla pour assiéger Pompeii, se rendit maître de Cosa. Plusieurs de nos historiens en ont parlé ; mais c'est Quintus Hortensius qui, dans ses Annales, rend l'hommage le plus éclatant à ses vertus ; le peuple romain récompensa pleinement son zèle, par le droit de cité romaine, qui lui fut accordé, comme une distinction personnelle. De plus, on nomma ses deux fils préteurs, quand ces magistrats n'étaient encore qu'au nombre de six.

Deux consuls, Rutilius et Caton Porcius, tués par l'ennemi, les armées du peuple romain battues en plusieurs rencontres, le *sagum* pris et gardé long-temps, tels furent les divers et funestes événemens de la guerre Sociale, pendant deux années consécutives. Les peuples ligués avaient choisi Corfinium pour être la capitale de leur empire, et lui donnaient le nom d'*Italique*. Mais Rome se rétablit par degrés, en comptant au nombre de ses citoyens ceux qui n'avaient pas pris les armes ou qui les avaient

sunt, Pompeio, Syllaque et Mario fluentem, procumbentemque rempublicam restituentibus.

XVII. Finito ex maxima parte, nisi qua Nolani belli manebant reliquiæ, italico bello (quo quidem Romani victis afflictisque, ipsi exarmati, quam integris universis civitatem dare maluerunt) consulatum inierunt Quintus Pompeius, et Lucius Cornelius Sylla, vir, qui neque ad finem victoriæ satis laudari, neque post victoriam abunde vituperari potest. Hic natus familia nobili, sextus à Cornelio Rufino, qui bello Pyrrhi, inter celeberrimos fuerat duces, quum familiæ ejus claritudo intermissa esset, diu ita se gessit, ut nullam petendi consulatum cogitationem habere videretur. Deinde post præturam illustratus bello italico, et ante in gallia, legatione sub Mario, qua eminentissimos duces hostium fuderat, ex successu animum sumpsit; petensque consulatum, pene omnium civium suffragiis nactus est. Sed eum honorem *undequinquagesimo ætatis suæ anno* assecutus est.

posées les premiers ; et quand la république ébranlée penchait vers sa ruine, Sylla, Marius et Pompée la relevèrent.

XVII. On touchait à la fin de la guerre. La seule ville de Nole se maintenait encore en état d'hostilité. Les Romains, non moins affaiblis que les alliés, aimèrent mieux accorder le droit de citoyen à ces peuples, dans l'état d'épuisement où la guerre les avait réduits, que lorsqu'ils étaient puissans et ligués. En ce moment, Quintus Pompée fut nommé consul. Il eut pour collègue Lucius Sylla, cet homme en qui l'on ne peut assez louer le guerrier qui sut vaincre, ni détester assez l'abus de la victoire. Il était issu d'une noble famille, et le sixième descendant de Cornelius Rufinus, un des célèbres généraux que Rome avait opposés à Pyrrhus ; mais la splendeur de sa maison ne s'était point soutenue ; et la conduite que tint long-temps Sylla n'annonçait point qu'il eût la pensée d'aspirer au consulat. Cependant, après sa préture, il s'illustra dans la guerre italique ; et même, avant cette époque, employé comme lieutenant de Marius, dans les Gaules, il avait battu les plus fameux capitaines. Ces succès l'enhardirent ; il brigua le consulat, et l'obtint à l'âge de quarante-neuf ans, par un concours de suffrages presqu'unanimes.

XVIII. Per ea tempora, Mitridates, Ponticus rex, vir neque silendus, neque dicendus sine cura, bello acerrimus, virtute eximius, aliquando fortuna, semper animo maximus, consiliis dux, miles manu, odio in Romanos Annibal; occupata Asia, necatisque in ea omnibus civibus romanis, quos quidem eadem die atque hora, redditis civitatibus litteris, ingenti cum pollicitatione præmiorum interimi jusserat. Quo tempore neque fortitudine adversus Mithridatem, neque fide in Romanos quisquam Rhodiis par fuit. Horum fidem Mitylenæorum perfidia illuminavit, qui Manium Aquilium, aliosque Mithridati vinctos tradiderunt; quibus libertas, in unius Theophanis gratiam postea a Pompeio restituta est.

Quum terribilis Italiæ quoque videretur imminere, sorte obvenit Syllæ Asia provincia. Is egressus urbe, circa Nolam *morabatur* (quippe ea urbs pertinacissime arma retinebat, exercituque romano obsidebatur, velut pœniteret ejus

XVIII. Vers ce temps parut Mithridate, roi de Pont, prince dont il est impossible de se taire et difficile de parler; ardent à la guerre, et d'une bravoure héroïque, quelquefois grand par sa fortune, toujours grand par son courage, chef habile et prudent, soldat dans l'action, implacable ennemi des Romains, et devenu pour eux un autre Annibal. Après avoir envahi l'Asie, Mithridate adressa des lettres aux gouverneurs des différentes villes, portant l'ordre de faire égorger, le même jour, à la même heure, tous les citoyens romains qui s'y trouvaient. De magnifiques promesses accompagnaient cet ordre sanguinaire. Aucun peuple, en cette occasion, ne résista plus fortement à Mithridate, et ne fut plus fidèle aux Romains que les Rhodiens. La perfidie de Mytilène servit encore à faire éclater leur zèle. Les habitans de cette ville livrèrent à Mithridate, Manius Aquilius et plusieurs autres Romains, chargés de fers. Pompée, dans la suite, ne leur pardonna qu'en considération du seul Théophane.

Mithridate s'étant rendu formidable, paraissait menacer l'Italie même, lorsque le gouvernement des provinces asiatiques échut à Sylla. Ce dernier ayant quitté Rome, s'était arrêté sous les murs de Nole : car cette ville, qui nous avait

fidei, quam omnium sanctissimam bello præstiterat Punico). Publius Sulpicius tribunus plebis, disertus, acer, opibus, gratia, amicitiis, vigore ingenii atque animi celeberrimus, quum antea, rectissima voluntate, apud populum maximam quæsisset dignitatem, quasi pigeret eum virtutum suarum, et bene consulta ei male cederent, subito pravus et præceps, Caio Mario post LXX annum, omnia imperia et omnes provincias concupiscenti addixit, legemque ad populum tulit, qua Syllæ imperium abrogaretur, Caio Mario bellum decerneretur Mithridaticum; aliasque leges perniciosas et exitiabiles, neque tolerandas liberæ civitati tulit. Quin etiam Quinti Pompeii consulis filium, eumdemque Syllæ generum per emissarios factionis suæ interfecit.

XIX. Tum Sylla, contracto exercitu, ad urbem rediit, eamque armis occupavit; XII auctores novarum pessimarumque rerum, inter quos Marium, cum filio, et Publio Sulpicio, urbe ex

montré, dans le cours de la guerre Punique, un attachement inviolable, semblait désavouer sa conduite en s'obstinant à ne point poser les armes, quoiqu'une armée romaine l'assiégeât.

La mission de Sylla fut traversée par Publius Sulpicius, tribun du peuple, que recommandaient la facilité de son élocution, son activité, sa fortune, son crédit, ses liaisons, son esprit et son courage. Jusqu'à ce jour, P. Sulpicius avait recherché, par sa droiture, l'estime populaire; et tout à coup, comme s'il se fût repenti de ses vertus, comme s'il eût cru la sagesse contraire au succès de ses desseins, il se montra méchant et téméraire. Partisan de Marius, qui, plus que septuagénaire, aspirait encore à tous les emplois, à tous les gouvernemens, il fit porter une loi, dans l'assemblée du peuple, pour confier à Marius, au préjudice de Sylla, la guerre entreprise contre Mithridate. Il porta plusieurs autres lois pernicieuses, funestes, qu'un peuple libre ne pouvait tolérer. Bien plus, il fit assassiner, par des émissaires de sa faction, le fils du consul Quintus Pompée, lequel était gendre de Sylla.

XIX. Sylla rassemble une armée, retourne à Rome, s'en rend maître, chasse les douze principaux auteurs des nouveautés et des désordres, y comprend Marius et son fils, ainsi que le tri-

turbavit, ac lege lata exules fecit. Sulpicium assecuti equites in Laurentinis paludibus jugulavere, caputque ejus erectum, et ostentatum, pro rostris, velut omen imminentis proscriptionis fuit. Marius post sextum consulatum, annoque LXX, nudus, ac limo obrutus, oculis tantummodo ac naribus eminentibus, extractus arundineto, circa paludem Maricæ, in quam se, fugiens consectantes Syllæ equites, abdiderat, injecto in collum loro, in carcere Minturnensium jussu duumviri perductus est. Ad quem interficiendum missus cum gladio servus publicus, natione Germanus, qui forte ab imperatore eo, bello Cimbrico, captus erat, ut agnovit Marium, magno ejulatu expromenti indignationem casus tanti viri, abjecto gladio profugit e carcere. Tum cives, ab hoste misereri paulo ante principis viri, docti, instructum cum viatico, collataque veste, in navem imposuerunt. At ille assecutus circa *Ænariam filium*, cursum in Africam direxit, inopemque vitam in tugurio ruinarum Carthaginensium toleravit : quum Marius aspi-

bun Sulpicius, et porte une loi qui les exile. Sulpicius, que des cavaliers atteignirent, fut égorgé dans les marais de Laurente, et sa tête exposée sur la tribune aux harangues, devint le signal d'une proscription imminente. Marius, après six consulats, Marius septuagénaire, forcé, pour se dérober aux émissaires de Sylla, de s'enterrer, près de Marica, dans l'eau d'un marécage, en fut arraché nu, et couvert de fange, conduit à Minturne, la corde au cou, et jeté dans une prison par l'ordre du *duumvir*. On envoya, pour le tuer, un esclave armé d'une épée. Cet homme, Germain de nation, avait été, dans la guerre des Cimbres, un de ses prisonniers; il reconnut Marius. Frappé du malheur de ce grand homme, il pousse un cri d'indignation, jette son glaive et s'enfuit. Les habitans, auxquels un barbare apprenait à plaindre l'infortuné qui naguère était à la tête de la république, fournirent à Marius des vêtemens, des secours en argent, un vaisseau. Il rejoignit son fils près d'Enaria, puis se dirigea vers l'Afrique, et traîna de misérables jours sous l'abri d'une pauvre cabane cachée dans les ruines de Carthage. Là, se contemplant l'un l'autre, Carthage et Marius se consolaient mutuellement de leurs destinées [15].

ciens Carthaginem, illa intuens Marium, alter alteri possent esse solatio.

XX. Hoc primum anno, sanguine consulis romani, militis imbutæ manus sunt. Quippe Pompeius, collega Syllæ, ab exercitu Cnæi Pompei proconsulis, seditione, sed quam dux creaverat, interfectus est.

Non erat Mario, Sulpicioque Cinna temperatior. Itaque quum ita civitas Italiæ data esset, ut in octo tribus contribuerentur novi cives, ne potentia eorum et multitudo veterum civium dignitatem frangeret, plusque possent recepti in beneficium, quam auctores beneficii; Cinna in omnibus tribubus eos se distributurum pollicitus est. Quo nomine ingentem totius Italiæ frequentiam in urbem acciverat. E qua pulsus collegæ optimatiumque viribus, quum in Campaniam tenderet, ex auctoritate senatus, consulatus ei abrogatus est, suffectusque in ejus locum Lucius Cornelius Merula, flamen Dialis. Hæc injuria homine, quam exemplo dignior fuit.

XX. Cette année, Pompée Strabon, collègue de Sylla, périt au milieu d'une sédition excitée contre lui dans l'armée du proconsul Cnæus Pompée. Ce dernier était l'auteur du complot. Ce fut la première fois que les soldats trempèrent leurs mains dans le sang d'un consul.

En conférant aux peuples d'Italie le droit de cité romaine, on les avait répartis en huit tribus, afin que le nombre et la force de ces nouveaux citoyens ne portassent aucune atteinte à la dignité des anciens, et que des hommes admis à cette faveur ne devinssent pas plus puissans que ceux qui la leur avaient accordée. Mais Cinna, non moins fougueux que Marius, que Sulpicius, annonça qu'il les distribuerait dans toutes les tribus; et, sur cette promesse, ils accoururent en foule, de toute l'Italie. Dans ce même moment, Cinna fut chassé de Rome par son collègue, auquel s'unirent les chefs de la noblesse; et comme il prenait la route de la Campanie, le sénat le déclara déchu du consulat, et lui donna pour successeur Cornelius Merula, prêtre de Jupiter. Cinna mérita cette injure; mais l'exemple était dangereux.

Tum Cinna, corruptis primo centurionibus, ac tribunis, mox etiam, spe largitionis, militibus, ab eo exercitu qui circa Nolam erat, receptus est. Is quum universus in verba ejus jurasset, retinens insignia consulatus patriæ bellum intulit, fretus ingenti numero novorum civium, e quorum delectu ccc amplius cohortes conscripserat, ac xxx legionum instar impleverat. Opus erat partibus, auctoritate, gratia; cujus augendæ, Caïum Marium cum filio de exilio revocavit, quique cum iis pulsi erant.

XXI. Dum bellum autem infert patriæ Cinna, Cnæus Pompeius, Magni pater (cujus præclara opera, bello Marsico, præcipue circa Picenum agrum, ut præscripsimus, usa erat respublica, quique Asculum ceperat, circa quam urbem, quum in multis aliis regionibus exercitus dispersi forent, LXXV civium romanorum, amplius LX millia Italicorum una die conflixerant) frustratus spe continuandi consulatus, ita se dubium, mediumque partibus præstitit, ut omnia ex proprio usu ageret, temporibusque insidiari videre-

Il se rendit au camp de Nole, gagna les centurions et les tribuns. Les soldats furent séduits à leur tour par l'espoir de ses largesses. Il reçut le serment de toute l'armée, retint les ornemens consulaires, et marcha contre sa patrie. Il comptait sur cette grande multitude de nouveaux Romains qui lui fournissaient plus de trois cents cohortes, dont il composa trente légions. Pour donner à sa faction le crédit et l'autorité dont elle avait besoin, il rappela les deux Marius et les autres exilés.

XXI. Tandis que Cinna marchait contre sa patrie, Cnæus Pompée, père du grand Pompée, frustré de l'espérance d'un second consulat, se ménageait entre les partis, sans en embrasser aucun, subordonnant toutes ses actions à son intérêt, épiant les occasions et prêt à passer avec son armée du côté qui promettrait le plus à son ambition. A la fin, il en vint aux mains avec Cinna, sous les murs de Rome, à la vue même de ses habitans. Des deux parts, l'acharnement fut atroce. Il serait malaisé de dire combien cet événement fut désastreux pour les combattans et pour les spectateurs; et comme si le fer n'eût pas suffi pour

tur, et huc atque illuc, unde spes major affulsisset potentiæ, se exercitumque deflecteret; sed, ad ultimum, magno atrocique prælio cum Cinna conflixit. Cujus commissi patratique sub ipsis mœnibus, oculisque urbis Romanæ, pugnantibus spectantibusque quam fuerit eventus exitiabilis, vix verbis exprimi potest. Post hoc quum utrumque exercitum, velut parum bello exhaustum, laceraret pestilentia, Cnæus Pompeius decessit. Cujus interitus voluptas, amissorum aut gladio aut morbo civium pene damno repensata est; populusque romanus quam vivo iracundiam debuerat, in corpus mortui contulit. Seu duæ, seu tres Pompeiorum fuere familiæ, primus ejus nominis, ante annos CLXVIII, Quintus Pompeius cum Cnæo Servilio consul fuit.

Cinna et Marius haud incruentis utrimque certaminibus editis, urbem occupaverunt. Sed prior ingressus Cinna de recipiendo Mario legem tulit.

XXII. Mox Caïus Marius, pestifero civibus suis reditu, intravit mœnia. Nihil illa victoria fuisset crudelius, nisi mox Syllana esset secuta.

anéantir l'une et l'autre armée, la peste y joignait ses ravages, lorsque Cnæus Pompée mourut. C'était ce même Pompée qui, pendant la guerre Sociale, et surtout dans le *Picenum*, avait rendu de grands services à la république, ainsi que je l'ai rapporté. Ce fut lui qui prit la ville d'Asculum, près de laquelle soixante-quinze mille Romains combattirent, en un seul jour, contre plus de soixante mille hommes des peuples de l'Italie, quoique plusieurs armées romaines fussent dispersées sur mille points différens. La perte de tant de citoyens, moissonnés par le fer ou par la contagion, ne permit pas de se livrer à la joie qu'on ressentait de la mort de Pompée. Le peuple, dont il avait mérité la haine, se vengea sur son cadavre. On a compté deux ou trois familles de Pompée; mais il est constant que le premier consul de ce nom fut Quintus Pompée, collègue de Cnæus Servilius, il y a cent soixante-huit ans.

Après de sanglans combats, Marius et Cinna se rendirent maîtres de la ville. Cinna y entra le premier, et fit une loi pour autoriser le retour de Marius.

XXII. Marius entra dans Rome, et toutes les calamités avec lui. Jamais victoire n'eût été plus cruelle que la sienne, si bientôt celle de Sylla ne

Neque licentia in mediocres sævitum, sed excelsissimi quique eminentissimæ civitatis viri variis suppliciorum generibus affecti. In iis consul Octavius, vir lenissimi animi, jussu Cinnæ interfectus est. Merula autem qui se sub adventum Cinnæ consulatu abdicaverat, incisis venis, superfusoque altaribus sanguine, quos sæpe pro salute reipublicæ flamen Dialis precatus erat deos, eos in execrationem Cinnæ partiumque ejus tum precatus, optime de republica meritum spiritum reddidit. Marcus Antonius princeps civitatis atque eloquentiæ, gladiis militum quos ipsos facundia sua moratus erat, jussu Marii Cinnæque confossus est. Quintus Catulus, et aliarum virtutum, et belli Cimbrici gloria, quæ illi cum Mario communis fuerat, celeberrimus, quum ad mortem conquireretur, conclusit se loco nuper calce arenaque perpolito, illatoque igni, qui vim odoris excitaret, simul exitiali hausto spiritu, simul incluso suo, mortem magis voto, quam arbitrio inimicorum, obiit.

Omnia erant præcipitia in republica; nec ta-

l'eût suivie. Ce ne fut pas sur des têtes vulgaires que se déborda sa fureur : les premiers hommes de la première cité du monde furent livrés à tous les genres de supplices. Le consul Octavius, dont on aimait la modération et la bonté, périt par l'ordre de Cinna. Merula, qui n'avait pas attendu son arrivée pour abdiquer le consulat, se fit ouvrir les veines, arrosa les autels de son sang, et près de finir des jours utiles à son pays, il appela contre Cinna, contre sa faction tout entière, la malédiction de ces mêmes dieux qu'en qualité de prêtre de Jupiter il avait tant de fois invoqués pour le salut de la république. Marius et Cinna proscrivirent Marc-Antoine, le plus distingué des citoyens et des orateurs. Il tomba sous le glaive des soldats, quoique son éloquence eût long-temps retenu leurs coups. Quintus Catulus, qui partageait avec Marius la gloire d'avoir vaincu les Cimbres, et que d'autres vertus recommandaient encore, sachant qu'on était à sa poursuite, et prévoyant son sort, s'enferma dans un lieu fraîchement enduit de chaux et de sable, y porta du feu pour donner plus d'action à la vapeur qui s'en exhalait, respira cet air pernicieux, et mourut étouffé. Ses ennemis désiraient sa mort; mais il les priva du plaisir de l'ordonner à leur gré.

Tout était bouleversé dans la république, et

men adhuc quisquam inveniebatur, qui bona civis romani aut donare auderet, aut petere sustineret. Postea id quoque accessit, ut sævitiæ causam avaritia præberet, et modus culpæ ex pecuniæ modo constitueretur, et qui fuisset locuples, fieret nocens, sui quisque periculi merces foret; nec quidquam videretur turpe, quod esset quæstuosum.

XXIII. Secundum deinde consulatum Cinna, et septimum Marius, in priorum dedecus, iniit. Cujus initio, morbo oppressus, decessit: vir in bello hostibus, in otio civibus infestissimus, quietisque impatientissimus. In hujus locum suffectus Valerius Flaccus, turpissimæ legis auctor, quæ *creditoribus quadrantem solvi jusserat;* cujus facti merita cum pœna intra biennium consecuta est.

Dominante in Italia Cinna, major pars nobilitatis ad Syllam in Achaïam, ac deinde post in Asiam perfugit. Sylla interim cum Mithridatis præfectis circa Athenas, Bæotiamque et Macedoniam ita dimicavit, ut et Athenas reciperet,

néanmoins personne n'osait encore donner ni demander la dépouille d'un citoyen romain. La cupidité s'enhardit; elle devint barbare. La mesure des biens fut celle des crimes. Tout riche parut coupable. L'or du proscrit paya son assassin. On ne vit plus de honte où l'on voyait du profit.

XXIII. Cinna, consul pour la seconde fois, entrait en fonctions, et Marius commençait un septième consulat qui déshonora les autres, lorsqu'une maladie termina ses jours. Cet homme, que le repos fatiguait, n'avait pas été moins funeste à ses concitoyens, pendant la paix, qu'à l'ennemi pendant la guerre. On lui donna pour successeur Valerius Flaccus, auteur d'une honteuse loi, par laquelle les débiteurs se libéraient en payant un quart de leur dette. Avant la fin de l'année qui suivit cette injustice, Valerius en porta la peine; il la méritait.

La domination de Cinna, dans l'Italie, détermina la plus grande partie de la noblesse à se réfugier auprès de Sylla, d'abord en Achaïe, bientôt après en Asie. Cependant Sylla, vainqueur des généraux de Mithridate, dans l'Atti-

et plurimo circa multiplices Pirei portus munitiones labore expleto, amplius ducenta millia hostium interficeret, nec minus multa caperet. Si quis hoc rebellandi tempus, quo Athenæ oppugnatæ a Sylla sunt, imputat Atheniensibus, nimirum veri, vetustatisque ignarus est. Adeo enim certa Atheniensium in Romanos fides fuit, ut semper et in omni re, quidquid *sincera fide* gereretur, id Romani *attica* fieri prædicarent. Cæterum tum oppressi Mithridatis armis homines miserrimæ conditionis, quum ab inimicis tenerentur, oppugnabantur ab amicis; et animos extra mœnia, corpora, necessitati servientes, intra muros habebant..

Transgressus deinde in Asiam Sylla, parentem ante omnia, supplicemque Mithridatem invenit; quem mulctatum pecunia, ac parte navium, Asia, omnibusque aliis provinciis quas armis occupaverat, decedere coegit; captivos recepit; in perfugas, noxiosque animadvertit; paternis, id est, Ponticis finibus contentum esse jussit.

que, dans la Béotie, dans la Macédoine, reprit Athènes, non sans de grands efforts employés à détruire les immenses fortifications du Pirée. Il tua plus de deux cent mille hommes, et fit autant de prisonniers. On pourrait croire qu'en assiégeant et prenant cette ville, Sylla la traitait en rebelle; mais ce serait une erreur. Les Athéniens s'étaient comportés à l'égard des Romains, avec une fidélité si reconnue, qu'elle était devenue proverbe, et qu'à Rome, en quelque chose que ce fût, agir de bonne foi, c'était agir à l'*athénienne*. Au reste, la situation des Athéniens, en ce moment, ne pouvait être plus déplorable. Accablés par les armes de Mithridate, ils voyaient les ennemis occuper leur ville, et leurs amis l'assiéger. La nécessité les retenait dans leurs murs, tandis que leurs cœurs étaient au milieu des Romains.

Après cela, Sylla, passant en Asie, trouva Mithridate suppliant et soumis. Il exigea de ce prince de fortes contributions, le contraignit de lui livrer une partie de sa flotte, de quitter l'Asie, de renoncer à ses autres conquêtes. Il se fit rendre les prisonniers, châtia les transfuges et les coupables, et resserra Mithridate dans l'héritage de ses ancêtres, c'est-à-dire dans les limites du royaume de Pont.

XXIV. Caïus Flavius Fimbria, qui præfectus equitum, ante adventum Syllæ, Valerium Flaccum, consularem virum, interfecerat, exercituque occupato *imperator* appellatus, forte Mithridatem pepulerat prælio, sub adventum Syllæ se ipse interemit : adolescens, quæ pessime ausus erat, fortiter executus.

Eodem anno Publius Lænas tribunus plebis Sextum Lucilium, qui priore anno tribunus plebis fuerat, saxo Tarpeïo dejecit; et quum collegæ ejus, quibus diem dixerat, metu ad Syllam profugissent, aqua ignique iis interdixit.

Tum Sylla, compositis transmarinis rebus, quum ad eum, primum omnium Romanorum, legati Parthorum venissent, et in iis quidam magi ex notis corporis respondissent, *celebrem ejus vitam et memoriam futuram*, revectus in Italiam, haud plura quam xxx armatorum millia adversum cc millia amplius hostium, exposuit Brundisii. Vix quidquam in Syllæ operibus clarius duxerim, quam quod, quum per triennium Cinnanæ, Marianæque partes Italiam obsiderent,

XXIV. Avant l'arrivée de Sylla, Caius Flavius Fimbria qui commandait, en Asie, la cavalerie romaine, s'était défait du consulaire Valerius Flaccus, pour s'emparer, après sa mort, du commandement des troupes; et, salué du nom d'*imperator*, il avait eu le bonheur de mettre en fuite Mithridate. A l'approche de Sylla, ce jeune homme se tua de sa propre main. Il accomplit courageusement un dessein criminel.

Cette même année, Publius Lœnas, tribun du peuple, fit précipiter du roc Tarpéien le tribun de l'année précédente, Sextus Lucilius, et prononça l'exil contre ses collègues, qui, cités par lui, s'étaient réfugiés auprès de Sylla.

Ce dernier avait terminé tout ce qui le retenait au delà des mers. Des ambassadeurs étaient venus lui rendre hommage au nom du roi des Parthes; et c'était la première fois qu'un Romain recevait cet honneur. Parmi ces envoyés, se trouvaient des mages, qui, d'après quelques signes observés dans ses traits, lui prédirent que sa vie serait célèbre et sa mémoire immortelle. En revenant en Italie, Sylla prit terre à Brindes, et n'y débarqua que trente mille hommes, quoiqu'il en eût deux cent mille à combattre. Une chose me frappe plus que tout le reste, dans Sylla;

neque illaturum se bellum iis dissimulavit, nec quod erat in manibus omisit, existimavitque ante frangendum hostem, quam ulciscendum civem, repulsoque externo metu, ubi quod alienum esset, vicisset, superaret quod erat domesticum.

Ante adventum Lucii Syllæ, Cinna, seditione orta, ab exercitu interemptus est; vir dignior qui arbitrio victorum moreretur, quam iracundia militum. De quo vere dici potest, ausum eum quæ nemo auderet bonus; perfecisse quæ a nullo, nisi fortissimo, perfici possent; et fuisse eum in consultando temerarium, in exequendo virum. Carbo, nullo suffecto collega, solus toto anno consul fuit.

XXV. Putares Syllam venisse in Italiam, non belli vindicem, sed pacis auctorem, tanta cum quiete exercitum per Calabriam, Apuliamque, cum singulari cura frugum, agrorum, hominum, urbium, perduxit in Campaniam; tentavitque justis legibus, et æquis conditionibus bellum com-

c'est la conduite qu'il tint pendant que la faction de Marius et de Cinna tyrannisait l'Italie. Sans dissimuler la résolution de les combattre, sans interrompre la guerre qui l'occupait, il regarda comme un devoir plus pressant d'écraser les ennemis de la patrie, que d'aller punir des concitoyens; il voulut délivrer Rome de tout ce qu'elle avait à craindre du dehors, avant que de triompher des inimitiés domestiques.

Sylla n'était pas encore revenu, quand Cinna fut tué dans une sédition militaire. Il eût dû périr condamné par ses vainqueurs, plutôt qu'immolé par ses soldats. On peut dire de lui, qu'il osa ce que jamais un homme de bien n'eût osé; mais qu'il fallait tout son courage pour venir à bout de ce qu'il entreprit : factieux aussi téméraire dans ses projets, qu'intrépide dans l'exécution. Carbon resta seul consul pendant toute l'année, Cinna n'ayant pas été remplacé.

XXV. Sylla rentrait en Italie. A la marche paisible de ses troupes, à travers la Calabre et l'Apulie, jusques à la Campanie; au soin qu'il prit de faire respecter les moissons et les cultures; à ses ménagemens pour leurs villes et leurs habitans, on eût dit qu'il apportait la paix et non la vengeance. Il voulut mettre fin à la

ponere ; sed iis, quibus et res pessima et immodica cupiditas erat, non poterat pax placere. Crescebat interim in dies Syllæ exercitus, confluentibus ad eum optimo quoque et sanissimo. Felici deinde circa Capuam eventu Scipionem Norbanumque consules superat; quorum Norbanus acie victus, Scipio ab exercitu suo desertus ac proditus, inviolatus a Sylla dimissus est. Adeo enim Sylla dissimilis fuit bellator, ac victor, ut dum vincit, mitissimo ac justissimo lenior, post victoriam audito fuerit crudelior. Nam et consulem, ut prædiximus, exarmatum, atque Sertorium (proh, quanti mox belli facem!) et multos alios, potitus eorum, dimisit incolumes : credo, ut in eodem homine duplicis ac diversissimi animi conspiceretur exemplum. Post victoriam qua descendens montem Tifata cum Caïo Norbano concurrerat Sylla, grates Dianæ, cujus numini regio illa sacrata est, solvit; aquas salubritate, medentisque corporibus nobiles, agrosque omnes addixit Deæ. Hujus gratæ religionis

guerre, en proposant des arrangemens et des conditions équitables; mais la paix ne pouvait plaire à des hommes dont la fortune était en désordre, et l'ambition, démesurée. Cependant son armée grossissait de jour en jour, les plus sages et les meilleurs citoyens se réunissant à lui. Il battit, près de Capoue, les consuls Scipion et Norbanus; ce dernier fut défait en bataille rangée. Les troupes de Scipion le trahirent et l'abandonnèrent : le vainqueur le renvoya libre. Sylla combattant et Sylla victorieux ne se ressemblaient point. On ne pouvait être, dans l'action, plus humain et plus modéré; jamais on ne fut plus cruel après la victoire. Cependant, je le répète, il relâcha Scipion et Sertorius, qu'il fit seulement désarmer, Sertorius qui devait bientôt allumer le flambeau d'une guerre effroyable. Il en usa de même à l'égard de plusieurs autres prisonniers. Il semblait que Sylla voulait qu'on aperçût en lui deux âmes tout à fait opposées l'une à l'autre. Après la défaite de Norbanus, lorsque Sylla descendait du mont Tifate, il alla remercier Diane, déesse protectrice de ces lieux, et lui consacra les terres de ce pays, avec des sources qui s'y trouvent, et qui sont renommées pour leur vertu salutaire. Cette pieuse reconnaissance est attestée

memoriam et inscriptio templi affixa posti hodieque, et tabula testatur ærea intra ædem.

XXVI. Inde consules Carbo tertium, et Caïus Marius, septies consulis filius, annos natus xxvi, vir animi magis, quam ævi paterni, multa fortiterque molitus, neque usquam inferior nomine consulis, apud Sacriportum pulsus a Sylla acie, Præneste, quod ante natura munitum præsidiis firmaverat, se exercitumque contulit.

Ne quid unquam malis publicis deesset, in qua civitate semper virtutibus certatum erat, certabatur sceleribus, optimusque sibi videbatur, qui fuerat pessimus. Quippe dum ad Sacriportum dimicatur, Damasippus prætor Domitium, Scævolam etiam pontificem maximum, et *divini, humanique juris* auctorem celeberrimum, et Caium Carbonem Prætorium, consulis fratrem, et Antistium ædilitium, velut faventes Syllæ partibus, in curia Hostilia trucidavit.

Non perdat nobilissimi facti gloriam Calpur-

par une inscription attachée sur la porte du temple, et par une table d'airain placée dans le temple même.

XXVI. Carbon fut nommé consul pour la troisième fois, avec Caïus Marius, dont le père avait obtenu sept fois cet honneur. Caïus était âgé de vingt-six ans [18]. On retrouvait en lui l'âme forte du vieux Marius; mais sa carrière fut moins longue. Tout ce qu'il entreprit honora son courage et répondit à sa dignité. Mis en fuite par Sylla, près de Sacriport, il alla s'enfermer avec son armée dans Préneste, ville que sa situation défendait, indépendamment d'une garnison qu'il avait eu soin d'y placer.

Pour que rien ne manquât aux malheurs publics, l'émulation du crime succéda dans Rome à l'émulation des vertus. L'homme le plus méchant s'estimait le meilleur citoyen. Tandis qu'on se battait à Sacriport, le préteur Damasippe faisait égorger dans la cour Hostilia, comme favorables au parti de Sylla, Cnæus Domitius, le grand pontife Scævola, célèbre auteur d'un Traité sur le droit divin et les lois humaines, le prétorien Carbon, frère du consul, et l'ancien édile Antistius.

Honneur à Culpurnie, fille de Bestia, femme

nia, Bestiæ filia, uxor Antistii, quæ jugulato, ut prædiximus, viro, gladio se ipsam transfixit. Quantum hujus gloriæ famæque accessit! Nunc virtute eminet, patria latet.

XXVII. At Pontius Telesinus, dux Samnitium, vir domi, bellique fortissimus, penitusque Romano nomini infestissimus, contractis circiter XL millibus fortissimæ pertinacissimæque in retinendis armis juventutis, Carbone ac Mario Coss., abhinc annos CXI, kalendis novembribus*, ita ad portam Collinam cum Syllâ dimicavit, ut ad summum discrimen et eum et rempublicam perduceret. Quæ non majus periculum adiit, Hanibalis intra tertium milliarium castra conspicata, quam eo die, quo circumvolans ordines exercitus sui Telesinus, dictitansque *adesse romanis ultimum diem*, *vociferabatur eruendam delendamque urbem*; *adjiciens*,

* *Kalendis novembribus, abhinc, annos* CXI, le premier jour de novembre; il y a cent onze ans.

d'Antistius, qui se perça le sein pour ne pas survivre à son époux! Quelle renommée, quelle gloire elle acquit par cette action qui, toute généreuse qu'elle est, reste pourtant comme perdue dans la foule de beaux exemples que fournit notre histoire! [19]

XXVII. Carbon et le jeune Marius étaient consuls, lorsque Pontius Telesinus, chef des Samnites, implacable ennemi du nom romain, politique habile et vaillant guerrier, s'avançant à la tête de quarante mille hommes, jeunes, intrépides et déterminés à ne point quitter les armes, en vint aux mains avec Sylla, vers la porte Colline; et peu s'en fallut que cette journée fut aussi fatale au général romain qu'à la république. Rome courut un moindre péril, lorsqu'Annibal campait à trois milles de ses murailles, qu'au moment où Telesinus, volant de rang en rang, déclarait à son armée « que le dernier jour des Romains « était arrivé; qu'il fallait renverser et détruire « à jamais leur ville; que ces loups, ravisseurs « de la liberté de l'Italie, seraient toujours à « craindre, tant qu'on n'aurait pas anéanti leurs « repaires. » A la première heure de la nuit, les armées se séparèrent. Le lendemain, Telesinus fut trouvé presque sans vie. Sa figure était plutôt celle d'un vainqueur que d'un homme expirant.

nunquam defuturos raptores Italicæ libertatis lupos, nisi sylva, in quam refugere solerent, esset excisa. Post primam demum horam noctis, et Romana acies respiravit, et hostium cessit. Telesinus postera die semianimis repertus est, victoris magis, quam morientis, vultum præferens. Cujus abcissum caput ferri, gestarique circa Præneste Sylla jussit.

Tum demum, desperatis rebus suis, Caïus Marius adolescens per cuniculos, qui miro opere fabricati in diversas agrorum partes fuerant, conatus erumpere, quum foramine e terra emersisset, a dispositis in idipsum interemptus est. Sunt, qui sua manu; sunt, qui concurrentem mutuis ictibus cum minore fratre Telesino, una obsesso et erumpente, occubuisse prodiderint. Utcumque cecidit, hodieque tanta patris imagine non obscuratur ejus memoria. De quo juvene quid existimaverit Sylla, in promptu est. Occiso enim demum eo, *Felicis* nomen assumpsit; quod quidem usurpasset justissime, si eundem et vincendi, et vivendi finem habuisset.

Sylla fit porter sa tête autour des remparts de Préneste. Le jeune Marius, perdant toute espérance, se jeta dans des souterrains habilement pratiqués, et d'où l'on pouvait gagner la campagne, par diverses issues. Comme il en sortait, des gens apostés le massacrèrent. Quelques-uns prétendent qu'il se tua de sa propre main. Selon d'autres, Marius et le frère de Telesinus, assiégés tous les deux et fuyant ensemble, périrent des coups qu'ils se portèrent l'un à l'autre.

Quoi qu'il en soit, la gloire du jeune Marius ne pâlit point devant l'imposante image de son père ; et la preuve la moins équivoque de l'estime dont l'honorait Sylla, c'est qu'il ne prit qu'après la mort de ce jeune homme, le surnom d'*heureux*, surnom qu'on ne pouvait lui contester, s'il eût cessé de vivre, quand il cessa de vaincre.

Oppugnationi autem Prænestis ac Marii præfuerat Ofella Lucretius; qui quum ante Marianarum fuisset partium, proditor ad Syllam transfugerat.

Felicitatem diei, quo samnitium, Telesinique pulsus est exercitus, Sylla perpetua ludorum circensium honoravit memoria, qui sine nomine Syllanæ victoriæ celebrantur.

XXVIII. Paulo ante quam Sylla ad Sacriportum dimicaret, magnificis præliis partium ejus viri hostium exercitum fuderant : duo Servilii apud Clusium, Metellus Pius apud Faventiam, Marcus Lucullus circa Fidentiam.

Videbantur finita belli civilis mala, quum Syllæ crudelitate aucta sunt. Quippe dictator creatus (cujus honoris usurpatio per annos cxx intermissa; nam proximus post annum quam Annibal Italia excesserat; ut appareat populum Romanum usum dictatoris non tam desiderasse, quam timuisse) potestate imperii, quo priores ad vindicandam maximis periculis rempublicam usi fuerant, immodicæ crudelitatis licentia usus

Marius fut assiégé dans Préneste par Ofella Lucretius, qui, lié d'abord au parti de Marius, l'avait trahi pour Sylla.

Ce dernier voulut consacrer la mémoire du jour où les Samnites et Telesinus furent défaits, en instituant les jeux du cirque. On les célèbre encore, sans rappeler la victoire de Sylla.

XXVIII. Peu de temps avant que Sylla combattît à Sacriport, plusieurs des chefs de son parti, les deux Servilius, Metellus Pius, Lucullus, avaient obtenu de brillans avantages sur l'ennemi, les premiers à Clusium, le second à Faventia, le dernier, près de Fidentia.

Les maux de la guerre civile semblaient être à leur fin, quand l'inhumanité de Sylla les accrut. Nommé dictateur, il n'usa qu'avec la barbarie la plus impitoyable, d'une autorité que ses prédécesseurs avaient exercée pour sauver la république, et dont l'interruption, pendant cent vingt années [20], prouvait assez que les Romains en souhaitaient moins l'usage, qu'ils n'en redoutaient l'abus. Sylla fut le premier qui donna l'exemple de la proscription : et plût aux dieux qu'il eût été le dernier ! Une récompense fut attachée pu-

est. Primus ille (et utinam ultimus!) exemplum proscriptionis invenit, ut in qua civitate petulantis convicii judicium histrioni exoleto redditur, in ea jugulati civis romani publice constitueretur auctoramentum, plurimumque haberet qui plurimos interemisset, neque occisi hostis, quam civis, uberius foret præmium, fieretque quisque merces mortis suæ. Nec tantum in eos, qui contra arma tulerant, sed in multos insontes sævitum. Adjectum etiam, *ut bona proscriptorum vænirent, exclusique paternis opibus liberi, etiam petendorum honorum jure prohiberentur; simulque, quod indignissimum est, Senatorum filii et onera ordinis sustinerent, et jura perderent.*

XXIX. Sub adventum in Italiam Lucii Syllæ, Cnæus Pompeius, ejus Pompeii filius, quem magnificentissimas res in consulatu gessisse, bello Marsico, prædiximus, XXIII annos natus, abhinc annos CXIII *, privatis ut opibus, ita

* *Abhinc annos* CXIII; il y a cent treize ans.

bliquement au meurtre d'un citoyen romain, dans cette même ville où la loi vengeait un baladin qui se plaignait d'une injure! L'assassin le plus ensanglanté recevait le plus large salaire! La tête d'un citoyen fut mieux payée que celle d'un ennemi! Le meurtrier hérita de celui qu'il égorgeait! La faction ne poursuivit pas seulement ceux qui s'étaient armés contre elle; beaucoup de citoyens innocens *de ce crime* furent immolés. On mit à l'encan les biens des proscrits. Les enfans, dépouillés de la fortune de leurs pères, le furent aussi du droit d'aspirer aux honneurs; et, pour comble d'indignité, les fils des sénateurs furent assujettis à toutes les charges du sénat, quoiqu'ils en eussent perdu les avantages.

XXIX. Au moment où Lucius Sylla revenait d'Italie, Cnæus Pompée, fils de ce Pompée qui, durant son consulat, s'était signalé par de brillans succès contre les Marses (ainsi que je l'ai rapporté), Cnæus Pompée, dis-je, n'étant âgé que de vingt-trois ans, éclairé de ses seules lumières, aidé de ses propres ressources, conçut hardiment de grandes choses, et, par de nobles

consiliis magna ausus, magnificeque conata executus, ad vindicandam restituendamque dignitatem patriæ, firmum ex agro Piceno, qui totus paternis ejus clientelis refertus erat, contraxit exercitum. Cujus viri magnitudo multorum voluminum instar exigit; sed operis modus paucis eum narrari jubet.

Fuit hic genitus matre Lucilia, stirpis senatoriæ: forma excellens, non ea, qua flos commendatur ætatis, sed ea dignitate constantiaque quæ in illam conveniens amplitudinem fortunamque, eum ad ultimum vitæ comitata est diem. Innocentia eximius, sanctitate præcipuus, eloquentia medius. Potentiæ, quæ honoris causa ad eum deferretur, non ut ab eo occuparetur, cupidissimus. Dux bello peritissimus, civis in toga (nisi ubi vereretur ne quem haberet parem) modestissimus, amicitiarum tenax, in offensis exorabilis, in reconciliata gratia fidelissimus; in accipienda satisfactione facillimus; potentia sua nunquam aut raro ad impotentiam usus; pene omnium vitiorum expers, nisi numeraretur inter

efforts, parvint à les exécuter. Pour venger sa patrie, pour en relever la gloire, il assembla d'abord une forte armée dans le Picenum, tout peuplé des cliens de son père. Le récit des actions de ce grand homme exigerait des volumes, et je ne peux tracer qu'une esquisse rapide, resserré comme je le suis, par les bornes de cet abrégé.

Lucilia, mère de Pompée, sortait d'une famille de sénateurs. La beauté qu'on remarquait en lui n'était pas celle qui tient à la fleur de l'âge; c'était un caractère de dignité conforme à sa grandeur future, ainsi qu'à sa fortune, et qu'il soutint constamment jusqu'au dernier jour de sa vie. Il était vertueux, pur dans ses mœurs, médiocrement éloquent, désireux des honneurs, mais plus jaloux d'en paraître digne que de les posséder; grand capitaine à l'armée, citoyen tranquille pendant la paix, tant qu'il n'eut pas un égal à craindre; ami constant, ennemi modéré, facile à satisfaire après une offense, et d'une fidélité parfaite, quand il s'était réconcilié. Pompée n'abusa jamais, ou du moins abusa rarement de sa puissance, jusqu'à la rendre tyrannique. Enfin, on n'eut presque rien à lui reprocher, que l'orgueil de souffrir impatiemment un égal, vice

maxima, in civitate libera, dominaque gentium, indignari, quum omnes cives jure haberet pares, quemquam æqualem dignitate conspicere. Hic a toga virili assuetus commilitio prudentissimi ducis parentis sui, bonum et capax recta discendi ingenium, singulari rerum militarium prudentia excoluit; ut a Sertorio Metellus laudaretur magis, Pompeius timeretur validius.

XXX. Tum Marcus Perpenna, prætorius, e proscriptis, gentis clarioris quam animi, Sertorium inter cænam Oscæ interemit; Romanisque certam victoriam, partibus suis excidium, sibi turpissimam mortem pessimo auctoravit facinore.

Metellus et Pompeius ex Hispaniis triumpharunt. Sed Pompeius, hoc quoque triumpho, adhuc eques Romanus, ante diem quam consulatum iniret, curru urbem invectus est. Quem virum, quis non miretur, per tot extraordinaria imperia in summum fastigium vectum, *iniquo* tulisse animo, Caii Cæsaris, in altero consulatu petendo, senatum populumque Romanum ratio-

qui devait être regardé comme un des plus condamnables, dans une ville libre et maîtresse du monde, où l'égalité régnait de droit entre tous les citoyens. Accoutumé, depuis qu'il avait pris la robe virile, à servir dans l'armée de son père, général habile, il cultiva, par l'étude de la science militaire, un esprit capable de recevoir toutes les bonnes instructions et d'en profiter; et si Sertorius le louait moins qu'il ne louait Metellus, il le craignait davantage.

XXX. Ce fut alors que Sertorius périt, dans la ville d'Osca, poignardé par un des proscrits, au milieu d'un festin. Le meurtrier était Marcus Perpenna, prétorien, homme d'une naissance illustre et d'une âme vile. Le succès des Romains, la ruine de son parti, la mort la plus honteuse furent le fruit de sa lâche perfidie.

Metellus et Pompée triomphèrent de l'Espagne. Pompée, quoique simple chevalier, entra dans Rome sur un char de triomphe, quelques jours avant qu'il fût consul. Comment ne pas s'étonner qu'un homme qui, par tant de charges et d'honneurs, s'était élevé si haut, vît avec chagrin le sénat et le peuple romain favorables à Caius César, dans la poursuite d'un second consulat? Telle est l'injustice humaine : nous nous pardonnons tout à nous-mêmes, et rien aux autres; ce

nem habere ? Adeo familiare est hominibus omnia sibi ignoscere, nihil aliis remittere; et invidiam rerum non ad causam, sed ad voluntatem personasque dirigere. Hoc consulatu Pompeius tribuniciam potestatem restituit, cujus Sylla imaginem sine jure reliquerat.

Dum Sertorianum bellum in Hispania geritur, LXIV fugitivi e ludo gladiatorio Capua profugientes, duce Spartaco, raptis ex ea urbe gladiis, primo Vesuvium montem petiere; mox crescente in dies multitudine, gravibus variisque casibus affecere Italiam. Quorum numerus in tantum adolevit, ut qua ultimo dimicavere acie, XL millia hominum se Romano exercitui opposuerint. Hujus patrati gloria penes Marcum Crassum fuit, mox Romanorum opibus principem.

XXXI. Converterat Cnæi Pompeii persona totum in se terrarum orbem, et per omnia major evehebatur. Qui quum consul perquam laudabiliter jurasset, *se in nullam provinciam ex eo magistratu iturum*, idque servasset, post

n'est pas la chose même qui nous irrite, c'est contre les personnes que nous nous passionnons. Dans le cours de son consulat, Pompée rétablit la puissance des tribuns. Sylla ne leur en avait laissé qu'une vaine image.

Pendant qu'on faisait la guerre en Espagne au parti de Sertorius, soixante-quatre esclaves, échappés d'une école où l'on exerçait les gladiateurs, à Capoue, se saisirent, dans la ville, de quelques épées, s'enfuirent sous la conduite de Spartacus [21], et se retirèrent d'abord sur le Vésuve. Leur troupe, qui grossissait de jour en jour, désola bientôt l'Italie. Le nombre de ces révoltés s'accrut au point, qu'à la dernière bataille, ils opposèrent quarante mille hommes à l'armée romaine. Crassus, qui devint ensuite le plus opulent des Romains, eut la gloire de terminer cette guerre.

XXXI. Tous les yeux étaient attachés sur Pompée, qui s'agrandissait en toute occasion. Il s'était glorieusement engagé, pendant son consulat, à n'accepter le gouvernement d'aucune province, à l'expiration de sa magistrature, et cette promesse avait été remplie. Deux ans après,

biennium Aulus Gabinius tribunus legem tulit, ut, quum belli more, non latrociniorum, orbem classibus jam, non furtivis expeditionibus, piratæ terrerent, quasdam etiam Italiæ urbes diripuissent, Cnæus Pompeius ad eos opprimendos mitteretur; essetque ei imperium æquum in omnibus provinciis cum proconsulibus, usque ad quinquagesimum milliarium a mari. Quo senatusconsulto pene totius terrarum orbis imperium uni viro deferebatur; sed tamen idem hoc ante biennium in Marci Antonii prætura decretum erat. Sed interdum persona, ut exempla docent, aut invidiam auget, aut levat. In Antonio homines æquo animo passi erant; raro enim invidetur eorum honoribus, quorum vis non timetur. Contra, in iis homines extraordinaria reformidant, qui ea suo arbitrio aut depositurі, aut retenturi videntur, et modum in voluntate habent. Dissuadebant optimates; sed consilia impetu victa sunt. Digna est memoria Quinti Catuli quum auctoritas, tum verecundia; qui quum, dissuadens legem, in concione dixis-

comme les pirates semaient l'effroi sur toutes les côtes, non plus par des courses de brigands, mais en faisant ouvertement la guerre avec des flottes; et comme ils avaient même pillé quelques villes de l'Italie, le tribun Aulus Gabinius, en vertu d'une loi qu'il porta, fit décerner à Pompée la commission d'aller les détruire. La loi l'investissait d'une autorité proconsulaire jusqu'à cinquante milles de la mer; et, par ce décret du sénat, la terre presque entière se trouvait sous l'empire d'un seul homme. Deux ans auparavant, Marc Antoine, pendant sa préture, avait été revêtu d'un pareil pouvoir; mais, comme on l'a vu souvent, l'un irrite l'envie, l'autre la désarme. La puissance d'Antoine avait été tolérée, parce qu'on souffre la grandeur de ceux dont on ne redoute point le caractère; tandis qu'on s'effraie de voir déférer des emplois extraordinaires à des hommes qui semblent devoir, selon qu'il leur plaira, les déposer ou les retenir, et qui ne seront modérés qu'autant qu'ils voudront bien l'être. Les grands s'opposaient à la loi; mais il fallut céder au torrent. La noble fermeté de Quintus Catulus, et sa modestie tout à la fois, sont dignes de mémoire. « Oui, Pompée, sans doute, est un grand « homme, dit-il dans l'assemblée du peuple en « désapprouvant la loi; mais il est déjà trop puis-

set, *esse quidem præclarum virum Cnæum Pompeium, sed nimium jam liberæ reipublicæ, neque omnia in uno reponenda;* adjecissetque, *si quid huic acciderit, quem in ejus locum substituetis?* succlamavit universa concio: *Te, Quinque Catule.* Tum ille, victus consensu omnium, et tam honorifico civitatis testimonio, e concione discessit. Hic hominis verecundiam, populi justitiam mirari libet: hujus, quod non ultra contendit; plebis, quod dissuadentem, et adversarium voluntatis suæ vero testimonio fraudare noluit.

XXXII. Per idem tempus, Cotta judicandi munus, quod Caïus Gracchus, ereptum senatui, ad equites, Sylla ab illis ad senatum transtulerant, æqualiter inter utrumque ordinem partitus est. Et Otho Roscius lege sua equitibus in theatro loca restituit.

At Cnæus Pompeius, multis et præclaris viris in id bellum assumptis, descriptoque in omnes recessus maris præsidio navium, brevi, inexsuperabili manu, terrarum orbem liberavit, præ-

« sant au milieu d'un peuple libre. Faut-il tout « accumuler dans la même main? et s'il arrivait « quelque malheur à Pompée, qui mettriez-vous « à sa place? — Vous, Catulus! » s'écria-t-on d'une voix unanime. Vaincu par cet assentiment général, et par l'honorable témoignage de ses concitoyens, il quitta l'assemblée. Admirons ici la sage retenue de Catulus et l'équité du peuple : l'un ne s'obstine plus à défendre son avis; l'autre ne veut pas priver de l'hommage qu'il devait à son mérite, un homme qui combattait ses volontés.

XXXII. Caius Gracchus avait enlevé le jugement des causes aux sénateurs, pour l'attribuer aux chevaliers. Sylla le rendit au sénat; et, vers le temps dont nous parlons, Aurelius Cotta partagea ce droit entre les deux ordres. Une loi de Roscius Othon régla les places que les chevaliers occuperaient au théâtre.

Cependant Pompée partit pour son expédition contre les pirates; un grand nombre d'hommes distingués l'accompagnait. D'abord, il distribua ses vaisseaux de manière à protéger tous les points

donesque per multa prælia multis locis victos circa Ciliciam classe agressus, fudit ac fugavit. Et, quo maturius bellum tam late diffusum conficeret, reliquias eorum contractas in urbibus, remotoque a mari loco, in certa sede constituit. Sunt qui hunc carpant. Sed, quanquam in auctore satis rationis est, tamen ratio quemlibet magnum auctorem faceret. Data enim facultate sine rapto vivendi, rapinis arcuit.

XXXIII. Cum esset in fine bellum piraticum, et Lucius Lucullus (qui, ante septem annos ex consulatu sortitus Asiam, Mithridati oppositus erat, magnasque ac memorabiles res ibi gesserat, Mithridatem sæpe multis locis fuderat, egregia Cyzicum liberarat victoria, Tigranem, regum maximum, in Armenia vicerat, ultimamque bello manum pene magis noluerat imponere quam non potuerat; qui, alioqui per omnia lau-

qui pouvaient servir de retraite à ces brigands; ensuite, il les battit en plusieurs rencontres; puis, avec ses forces réunies, il les attaqua sur les côtes de Cilicie, les défit, les mit en fuite. Bientôt enfin, aidé de son invincible élite, il en purgea le monde; et, pour prévenir le retour d'un fléau dont les ravages s'étaient étendus aussi loin, Pompée rassembla les restes de ces brigands, les confina dans des villes et d'autres lieux éloignés de la mer, et les contraignit de s'y fixer. Cette mesure a trouvé des censeurs; mais, indépendamment du nom de son auteur, qui suffirait pour la justifier [22], elle eût honoré la prudence de quiconque l'eût embrassée; car ces pirates s'abstinrent de rapines, quand ils n'eurent plus besoin de piller pour vivre.

XXXIII. La guerre des pirates était terminée. Lucius Lucullus, à qui le sort avait assigné le gouvernement des provinces asiatiques après son consulat, commandait, depuis sept ans, l'armée romaine contre Mithridate, et s'était signalé par des actions mémorables. Il avait battu ce prince en plus d'une occasion. Il l'avait contraint, à la suite d'un grand avantage obtenu sur lui, de lever le siége de Cyzique. Il avait défait, en Arménie, Tigrane, le plus puissant des rois. En un mot, il n'eût tenu qu'à lui de mettre fin à la guerre.

dabilis, et bello pene invictus, pecuniæ debellabatur cupidine) idem bellum adhuc administraret; Manilius, tribunus plebis semper venalis, et alienæ minister potentiæ, legem tulit, *ut bellum Mithridaticum per Cnæum Pompeium administraretur.* Accepta ea, magnisque certatum inter imperatores jurgiis, quum Pompeius Lucullo infamem pecuniæ, Lucullus Pompeio interminatam cupiditatem objiceret imperii, neuterque mentitus argui posset. Nam neque Pompeius, ut primum ad rempublicam aggressus est, quemquam animo parem tulit, et in quibus rebus primus esse debebat, solus esse cupiebat. Neque eo viro quisquam aut alia omnia minus, aut gloriam magis concupiit. In appetendis honoribus immodicus, in gerendis verecundissimus; ut qui eos, ut libentissime iniret, ita finiret æquo animo, et quod cupisset arbitrio suo sumere, alieno deponeret. Et Lucullus, summus alioqui vir, profusæ hujus in ædificiis, convictibusque et apparatibus luxuriæ primus auctor fuit. Quem ob injectas moles mari, et receptum

Mais cet homme qui méritait toutes sortes de louanges, ce guerrier invincible les armes à la main, se laissait vaincre par la cupidité. Le tribun Manilius, âme vénale et lâche instrument de l'ambition des autres, fit adopter une loi qui déférait à Pompée la conduite de la guerre contre Mithridate. Cette loi mit aux prises les deux généraux, qui s'adressèrent mutuellement des paroles injurieuses. Pompée reprochait à Lucullus une infâme soif des richesses. Lucullus accusait Pompée d'un désir effréné de la domination : ils ne se calomniaient ni l'un, ni l'autre. En effet, Pompée, du moment qu'il eut pris part aux affaires publiques, ne put souffrir d'égal. Il voulut être seul, quand il aurait dû se contenter d'être le premier. Jamais on ne fut plus passionné pour la gloire, et plus indifférent pour tout le reste. Ardent jusqu'à l'excès dans la poursuite des honneurs, il était modéré dans l'exercice du pouvoir. S'il en prenait possession avec empressement, il en voyait le terme sans peine ; et tout ce qu'il avait été flatté d'obtenir par lui-même, il y renonçait au gré de ses concitoyens. Quant à Lucullus, grand homme d'ailleurs, il donna le premier exemple de ce luxe, de cette profusion qui règnent aujourd'hui dans les festins, les meubles, les édifices. Il resserra la mer par des digues, et, pour

suffossis montibus in terras mare, haud infacete magnus Pompeius *Xerxem Togatum* vocare assueverat.

XXXIV. Per id tempus a Quinto Metello Creta insula in populi Romani potestatem redacta est; quæ, ducibus Panare et Lasthene, XXIV millibus juvenum coactis, velocitate pernicibus, armorum laborumque patientissimis, sagittarum usu celeberrimis, per triennium Romanos exercitus fatigaverat. Ne ab hujus quidem usura gloriæ temperavit animum Cnæus Pompeius, quin victoriæ partem conaretur vindicare. Sed et Luculli et Metelli triumphum quum ipsorum singularis virtus, tum etiam invidia Pompeii apud optimum quemque fecit favorabilem.

Per hæc tempora, Marcus Cicero, qui omnia incrementa sua sibi debuit, vir novitatis nobilissimæ, et, ut vita clarus, ita ingenio maximus, qui effecit, ne, quorum arma viceramus, eorum ingenio vinceremur; consul, Sergii Catilinæ, Lentulique, et Cethegi, et aliorum utriusque ordinis virorum conjurationem singulari virtute,

la recevoir dans les terres, il perça des montagnes. Aussi Pompée l'appelait-il agréablement le *Xerxès romain.*

XXXIV. Les Crétois, au nombre de vingt-quatre mille hommes, à la fleur de l'âge, légers à la course, endurcis aux fatigues de la guerre, habiles à lancer des flèches, et marchant sous la conduite de Lastène et de Panare, lassaient depuis trois ans les armées romaines. Quintus Metellus soumit leur île au pouvoir de la république. Cnæus Pompée ne fut pas assez maître de cette soif d'une gloire, même illégitime, dont il était possédé, pour ne pas s'attribuer une partie de la victoire. Mais sa jalousie, jointe à l'opinion du mérite peu commun de Metellus et de Lucullus, intéressa tous les hommes de bien à leur triomphe.

Nous voici parvenus au consulat de Cicéron, homme nouveau, qui sut ennoblir sa naissance et ne fut redevable de son élévation qu'à lui-même; citoyen illustre, génie sublime, par qui Rome eut la gloire d'égaler, en talens, les nations que ses armes avaient vaincues. La vigueur des mesures de Cicéron, ses soins, sa fermeté, sa vigilance, étouffèrent la conjuration

constantia, vigilia, curaque aperuit. Catilina metu consularis imperii urbe pulsus est. Lentulus consularis, et prætor iterum, Cethegusque et alii clari nominis viri, auctore senatu, jussu consulis, in carcere necati sunt.

XXXV. Ille senatus dies quo hæc acta sunt, virtutem Marci Catonis jam multis in rebus conspicuam atque prænitentem, altissime illuminavit. Hic, genitus proavo Marco Catone, principe illo familiæ *Porciæ*, homo virtuti simillimus, et per omnia ingenio diis, quam hominibus propior, qui nunquam recte fecit, ut facere videretur, sed quia aliter facere non poterat; cuique id solum visum est rationem habere, quod haberet justitiam, omnibus humanis vitiis immunis, semper fortunam, in sua potestate habuit. Hic, tribunus plebis designatus, adhuc admodum adolescens, et quum alii suaderent *ut per municipia Lentulus, conjuratique custodirentur*, pene inter ultimos interrogatus sen-

de Sergius Catilina, de Lentulus, de Cethegus, et d'un grand nombre de leurs complices qui tenaient aux deux premiers ordres de l'état. Catilina se déroba, par la fuite, à l'autorité consulaire. Lentulus, personnage honoré du consulat et de deux prétures, Cethegus et plusieurs autres, d'un nom et d'un rang distingués, périrent en prison, de l'avis du sénat et par les ordres du consul.

XXXV. Le jour où le sénat embrassa cette résolution, mit dans une haute évidence la sagesse de Marcus Caton, qui s'était déjà montrée plus d'une fois avec éclat. Caton, dont le bisaïeul était Marcus Caton, chef de la maison Porcia, offrait une image accomplie de la vertu. Plus semblable en tout aux dieux qu'aux hommes, jamais il ne fit le bien pour paraître le faire, mais parce qu'il n'eût pu faire autrement. Où se trouvait l'équité, là seulement il voyait la raison. En un mot, il fut exempt de toutes les faiblesses attachées à la condition humaine, et par là même, supérieur aux caprices de la fortune [23].

L'opinion de quelques sénateurs avait été de confier aux villes municipales la garde de Lentulus et des autres conjurés. Caton, désigné tribun du peuple, et très-jeune encore, fut presque le dernier à qui l'on demanda son avis. Il s'éleva

tentiam, tanta vi animi atque ingenii invectus est in conjurationem, ut ardore oris orationem omnium lenitatem suadentium, societate consilii suspectam fecerit : sic impendentia ex ruinis incendiisque Urbis, et commutatione status publici pericula exposuit, ita consulis virtutem amplificavit, ut universus senatus in ejus sententiam transiret, animadvertendumque in eos, quos prædiximus, censeret; majorque pars ordinis ejus Catonem prosequerentur domum. At Catilina non segnius vota obiit, quam sceleris conandi consilia inierat. Quippe, fortissime dimicans, quem spiritum supplicio debuerat, prælio reddidit.

XXXVI. Consulatui Ciceronis non mediocre adjecit decus natus eo anno divus Augustus, abhinc annos LXXXII *, omnibus omnium gentium viris magnitudine sua inducturus caliginem.

* *Abhinc annos* LXXXII (quatre-vingt-deux ans). Plusieurs fois le traducteur a pris le parti de reporter, du texte, dans les notes, ces dates dont Velleius coupe son recit, et que notre langue n'admet pas toujours, sans en être gênée.

contre le complot, avec tant d'indignation et de véhémence, que le feu dont son discours était animé, jeta sur tous ceux qui penchaient pour la clémence un soupçon de complicité. Le tableau qu'il présenta du péril que Rome eût couru, par la destruction, l'incendie, la subversion de l'ordre public, et l'éloge qu'il fit du courageux consul, ramenèrent à son sentiment le sénat tout entier, et décidèrent, ainsi qu'on l'a dit, du sort des coupables. La plupart des sénateurs rendirent hommage à Caton, en le reconduisant jusques à sa maison. Catilina poursuivit sa criminelle entreprise avec autant d'activité, qu'il avait mis d'audace à la concevoir. Il se défendit vaillamment, et finit, sur le champ de bataille, des jours dus au fer des bourreaux.

XXXVI. Ce fut un surcroît d'honneur pour le consulat de Cicéron, que de servir d'époque à la naissance d'Auguste, dont la grandeur devait éclipser les premiers hommes de toutes les nations.

Jam pene supervacaneum videri potest, eminentium ingeniorum notare tempora. Quis enim ignorat diremptos gradibus ætatis floruisse hoc tempore Ciceronem, Hortensium, unaque Crassum, Catonem, Sulpicium, moxque Brutum, Calidium, Cœlium, Calvum, et proximum Ciceroni Cæsarem; eorumque velut alumnos Corvinum ac Pollionem Asinium, æmulumque Thucydidis Sallustium; auctoresque carminum Varronem, ac Lucretium, neque ullo in suscepti operis sui carmine minorem Catullum? Pene stulta est inhærentium oculis ingeniorum enumeratio. Inter quæ maxime nostri ævi eminent, princeps carminum Virgilius, Rabiriusque, et consecutus Sallustium Livius, Tibullusque, et Naso, perfectissimi in forma operis sui. Nam vivorum, ut magna admiratio, ita censura difficilis est.

XXXVII. Dum hæc in Urbe Italiaque geruntur, Cnæus Pompeius memorabile adversus Mithridatem, qui post Luculli profectionem, magnas novi exercitus vires reparaverat, *bellum* gessit. At rex fusus fugatusque, et omnibus exu-

Il paraît à peu près inutile d'assigner ici le temps précis où brillèrent parmi nous les génies les plus distingués. Qui ne sait pas qu'à quelque différence près, dans l'âge des uns et des autres, fleurirent à la fois Cicéron, Hortensius, Crassus, Caton, Sulpicius; ensuite, Brutus, Calidius, Cœlius, Calvus, César, dont le talent a le plus approché de celui de Cicéron? Après eux, et comme leurs élèves, parurent Corvinus, Asinius Pollion, Salluste, qui marche sur les pas de Thucydide, Varron, Lucrèce, Catulle enfin, qui, dans son genre, ne le cède à personne. Les hommes d'un esprit éminent, qui semblent être encore sous nos yeux, sont en si grand nombre, qu'il paraît téméraire de vouloir les compter. Notre siècle s'honore surtout de Virgile, ce prince des poètes, de Rabirius, de Tite-Live, qui suit Salluste de près, de Tibulle et d'Ovide, également parfaits dans leurs écrits. Quant à ceux qui vivent, il est difficile de les juger, à cause de l'admiration dont on est prévenu pour eux.

XXXVII. Tandis que ces événemens se passaient à Rome et dans l'Italie, Cnæus Pompée continuait cette mémorable guerre contre Mithridate; car le roi de Pont s'était relevé depuis le départ de Lucullus, et marchait à la tête d'une nouvelle et puissante armée. Pompée le battit et

tus copiis, Armeniam Tigranemque generum petit, regem ejus temporis, nisi quia Luculli armis erat infractus, potentissimum. Simul itaque duos persecutus Pompeius, intravit Armeniam. Prior filius Tigranis, sed discors patris, pervenit ad Pompeium; mox ipse supplex, et præsens se regnumque ditioni ejus permisit; præfatus *neminem alium, neque Romanum, neque ullius gentis virum, futurum fuisse, cujus se fidei commissurus foret, quam Cnæum Pompeium, proinde omnem sibi vel adversam, vel secundam, cujus auctor ille esset, fortunam tolerabilem futuram; non esse turpe ab eo vinci, quem vincere esset nefas; neque ei inhoneste aliquem summitti, quem fortuna super omnes extulisset.* Servatus regis honos imperii, sed multato ingenti pecunia, quæ omnis, sicuti Pompeio moris erat, reducta in quæstoris potestatem, ac publicis descripta litteris. Syria, aliæque, quas occupaverat, provinciæ ereptæ; aliæ restitutæ populo Romano; aliæ tum primum in ejus potestatem redactæ, ut Syria, quæ tum pri-

dispersa ses troupes. Le monarque fugitif se réfugia chez Tigrane, son gendre, le prince le plus considérable de ce temps, avant que les armes de Lucullus eussent affaibli sa puissance. Le général romain poursuivit l'un et l'autre. A peine entrait-il en Arménie, que le fils de Tigrane, révolté contre son père, et bientôt après Tigrane lui-même, arrivèrent dans son camp. Tigrane venait, avec soumission, mettre à la merci de Pompée ses états et sa personne, en déclarant qu'il ne se fût commis à la bonne foi d'aucun homme, Romain ou non, autre que Pompée; que, quel que fût son sort, propice ou contraire, il ne s'en plaindrait pas, s'il était l'ouvrage de Pompée; qu'il ne rougissait pas d'avoir été vaincu par celui qui ne pouvait l'être, et qu'on cédait, sans honte, à l'homme que la fortune plaçait au dessus de tous les autres. Son vainqueur lui laissa les honneurs de la royauté, mais le força de payer une somme considérable, que Pompée, suivant son usage, fit remettre au questeur et porter sur le registre public [23]. Tigrane perdit, avec la Syrie, toutes les autres provinces dont il s'était emparé. Les unes furent restituées au peuple romain; les autres, conquises pour la première fois, comme la Syrie, qui devint, de ce moment, province tribu-

mum facta est stipendiaria. Finis imperii regis terminatus Armenia.

XXXVIII. Haud absurdum videtur propositi operis regulæ, paucis percurrere, quæ cujusque ductu gens ac natio redacta in formulam provinciæ, stipendiaria facta sit. Id notabimus, facilius ut, quam partibus, simul universa conspici possint.

Primus in Siciliam trajecit exercitum consul Claudius, et provinciam eam, post annos ferme LII, captis Syracusis, fecit Marcellus Claudius.

Primus Africam Regulus, nono ferme anno primi Punici belli; sed post CIV annos, P. Scipio Æmilianus, eruta Carthagine, abhinc annos CLXXVII, Africam in formulam redegit Provinciæ.

Sardinia inter primum et secundum bellum Punicum, ductu Titi Manlii consulis, certum recepit imperii jugum. Immane bellicæ civitatis argumentum, quod semel sub regibus, iterum hoc Tito Manlio consule, tertio Augusto prin-

taire. Le royaume de Tigrane fut réduit à la seule Arménie.

XXXVIII. Faisons connaître, en peu de mots, les chefs par qui tant de pays ont été réduits en provinces romaines et tributaires. Le lecteur saisit mieux ces détails, réunis, que séparés; et cette digression ne m'écartera point de la règle que je me suis proposée, dans la composition de cet ouvrage.

Le consul Claudius conduisit, le premier, une armée romaine en Sicile; mais ce fut Marcellus Claudius qui, cinquante-deux ans après, fit de la Sicile une province de l'empire, par la prise de Syracuse.

Régulus entra le premier en Afrique, vers la neuvième année de la première guerre Punique; mais elle ne devint province romaine que deux cent quatre ans après, lorsque Scipion Emilianus eut ruiné Carthage, il y a cent soixante et dix-sept ans.

Le consul Titus Manlius assujettit pour jamais la Sardaigne, entre la première et la seconde guerre punique. Ce qui prouve incontestablement le caractère belliqueux de notre nation, c'est que le temple de Janus, qui ne pouvait être fermé qu'à la paix, ne l'a jamais été que trois fois; sous

cipe, certæ pacis argumentum Janus geminus clausus dedit.

In Hispaniam primi omnium duxere exercitus Cnæus et Publius Scipiones, initio secundi belli Punici, abhinc annos CCL; inde varie possessa, et sæpe amissa partibus, universa, ductu Augusti, facta stipendiaria est.

Macedoniam Paulus, Mummius Achaïam, Fulvius Nobilior subegit Ætoliam. Asiam Lucius Scipio, Africani frater, eripuit Antiocho; sed beneficio senatus populique Romani, mox ab Attalicis possessam regibus, Marcus Perpenna, capto Aristonico, fecit tributariam.

Cypri devictæ nulli assignanda gloria est. Quippe senatuconsulto, ministerio Catonis, regis morte, quam ille conscientia acciverat, facta provincia est.

Creta, Metelli ductu, longissimæ libertatis fine mulctata. At Syria, Pontusque Cnæi Pompeii virtutis monumenta sunt.

XXXIX. Gallias primum Domitio et Fabio nepoti Pauli, qui *Allobrogicus* vocatus est, intratas,

les rois, sous le consulat de Manlius, et sous l'empire d'Auguste.

Cnæus et Publius Scipion pénétrèrent les premiers en Espagne, à la tête de nos troupes, au commencement de la seconde guerre punique, il y a deux cent cinquante ans. Tour à tour nous avons conquis et perdu diverses parties de ces provinces, qu'à la fin Auguste rendit toutes également tributaires.

Paul Émile soumit la Macédoine; Mummius, l'Achaïe; Fulvius Nobilior, l'Étolie. Antiochus fut dépossédé de l'Asie par Lucius Scipion, frère de l'*Africain*. Mais cette conquête, dont la libéralité du sénat et du peuple romain accrut le royaume de Pergame, rentra dans le nombre des provinces tributaires, à l'époque où Marcus Perpenna fit prisonnier Aristonicus.

Aucun de nos généraux n'eut la gloire d'avoir pris l'île de Chypre. Ce fut en vertu d'un senatus-consulte, par le ministère de Caton et par la mort volontaire de son roi, qu'elle reconnut la domination romaine.

Metellus ravit à la Crète la liberté dont elle avait joui long-temps. Le Pont et la Syrie sont des monumens de la valeur de Pompée.

XXXIX. Domitius et Fabius, surnommé l'*Allobrogique*, petit-fils de Paul Émile, entrèrent

cum exercitu, magna mox clade nostra, sæpe et affectavimus, et amisimus. Sed fulgentissimum Caii Cæsaris opus in iis conspicitur. Quippe ejus ductu auspiciisque infractæ, pene idem, quod totus terrarum orbis, ignavum conferunt stipendium. Ab eodem fracta Numidia.

Ciliciam perdomuit Isauricus, et post bellum Antiochicum, Volso Manlius, Gallogræciam.

Bithynia, ut prædiximus, testamento Nicomedis relicta hæreditaria.

Divus Augustus præter Hispanias, aliasque gentes, quarum titulis forum ejus prænitet, pene idem, facta Ægypto stipendiaria, quantum pater ejus Gallia, in ærarium reditus contulit.

At Tiberius Cæsar quam certam Hispanis parendi confessionem extorserat parens, Illyriis, Dalmatisque extorsit. Rhætiam autem et Vindelicos ac Noricos, Pannoniamque, et Scordiscos novas imperio nostro subjunxit provincias. Ut

les premiers dans les Gaules; et depuis, ces provinces, dont nous poursuivîmes souvent la possession, et qui souvent nous échappèrent, ont coûté beaucoup de sang aux Romains; mais elles sont devenues le plus brillant théâtre de la gloire de César. Sous sa conduite, sous ses auspices, les Gaules humiliées ont été réduites à payer le même tribut que le reste du monde. César fit éprouver un pareil sort à la Numidie.

Servilius l'*Isaurique* acheva de dompter la Cilicie; Manlius Volson, la Gallo-Grèce, après la guerre d'Antiochus.

J'ai déjà dit que la Bithynie fut léguée, par Nicomède, au peuple Romain.

Outre la conquête des Espagnes et des autres pays, dont les noms et les titres décorent avec éclat le forum d'Auguste, ce prince assujettit l'Égypte au tribut; et, par cet exploit, n'enrichit pas moins le trésor public, que n'avait fait César son père, lorsqu'il eut conquis les Gaules.

Tibère César a su contraindre les Illyriens et les Dalmates à l'aveu de leur dépendance. Auguste avait arraché, des Espagnols, le même aveu. Tibère a pareillement soumis, par la force des armes, la Rhétie, les Vindéliciens, les Noriques,

has armis, ita auctoritate Cappadociam populo Romano fecit stipendiariam.

Sed revertamur ad ordinem.

XL. Secuta deinde Cnæi Pompeii militia, gloriæ laborisne majoris, incertum est. Penetratæ cum victoria Media, Albania, Iberia, ac deinde flexum agmen ad eas nationes, quæ dextra atque intima Ponti incolunt, Colchos, Eniochosque et Achæos. Et oppressus auspiciis Pompeii, insidiis filii Pharnacis, Mithridates, ultimus omnium juris sui regum, præter Parthicos. Tum victor omnium, quas adierat, gentium, Pompeius, suoque et civium voto major, et per omnia fortunam hominis egressus, revertit in Italiam; cujus reditum formidabilem opinio fecerat. Quippe plerique non sine exercitu venturum in Urbem affirmabant, et libertati publicæ statuturum arbitrio suo modum. Quo magis hoc homines timuerant, eo gratior civilis tanti imperatoris reditus fuit. Omni quippe Brundisii dimisso exercitu, nihil præter nomen *imperatoris* retinens, cum privato comitatu, quem semper illi vacare moris

les Pannoniens, les Scordisques, et, par sa seule autorité, la Cappadoce.

Je reprends l'ordre des faits.

XL. On ne saurait dire si les campagnes de Pompée, qui suivirent ce que j'ai rapporté, furent plus glorieuses ou plus pénibles. Il parcourut en vainqueur la Médie, l'Albanie, l'Ibérie. Ensuite, il porta ses légions vers les pays les plus reculés, à la droite du Pont-Euxin; Colchos, Eniochos, l'Achaïe. Soutenu par Pompée, Pharnace, fils de Mithridate, surprit et fit périr son père [24], le dernier des rois indépendans, si nous en exceptons les rois des Parthes. Alors Pompée revint en Italie, vainqueur de tous les peuples chez lesquels il avait pénétré, plus grand qu'il n'aspirait à l'être, et que ne l'eussent souhaité ses concitoyens, élevé même au dessus des destinées humaines. Des bruits répandus faisaient craindre son retour. A croire ce que la plupart répétaient avec assurance, on allait le revoir à la tête de son armée; Pompée restreindrait à son gré la liberté publique. Plus on s'était alarmé, plus on fut satisfait de voir ce grand capitaine rentrer dans sa patrie, comme un simple citoyen. Il avait licencié toutes ses troupes à Brindes; et, sans aucun autre titre que celui d'*imperator*, , il

fuit, in Urbem rediit; magnificentissimumque de tot regibus per biduum egit triumphum; longeque majorem omni ante se illata pecunia in ærarium, etiam a Paulo, ex manubiis intulit.

Absente Cnæo Pompeio, Titus Ampius, et Titus Labienus, tribuni plebis, legem tulerunt, ut ludis Circensibus corona laurea, et omni cultu triumphantium uteretur; scenicis autem prætexta, coronaque laurea. Id ille non plus, quam semel (et hoc sane nimium fuit) usurpare sustinuit. Hujus viri fastigium tantis auctibus fortuna extulit, ut primum ex Africa, iterum ex Europa, tertio ex Asia triumpharet; et quot partes terrarum orbis sunt, totidem faceret monumenta victoriæ suæ.

Nunquam eminentia invidia carent. Itaque et Lucullus, memor tamen acceptæ injuriæ, et Metellus *Creticus*, non injuste querens (quippe ornamentum triumphi ejus, captivos duces Pompeius subduxerat), et cum iis pars Optimatium

reparaissait à Rome, accompagné seulement de son cortége ordinaire. Pompée triompha magnifiquement, pendant deux jours, de tous les rois qu'il avait vaincus. Le produit du butin fut immense. Aucun des généraux de la république, sans en excepter Paul Émile, n'avait fait entrer dans les coffres publics des sommes aussi considérables.

Pendant l'absence de Pompée, les tribuns du peuple, Titus Ampius et Titus Labienus firent passer une loi qui lui donnait le droit d'assister aux jeux du cirque avec une couronne de laurier et toutes les parures du triomphe. La loi l'autorisait à porter au théâtre la même couronne et la prétexte. Il ne jouit de cet honneur qu'une fois : il eût dû se l'interdire. La fortune se plut à le faire arriver au comble de la gloire, par les degrés les plus éclatans, puisqu'il triompha successivement de l'Afrique, de l'Europe, de l'Asie. Les trois parties du monde furent autant de monumens de ses victoires.

L'élévation est nécessairement en butte à l'envie. Lucullus se souvenait d'une préférence outrageante. Metellus Creticus reprochait, non sans raison, à Pompée, d'avoir enlevé des chefs ennemis, faits prisonniers, qui devaient orner son

refragabatur, ne aut promissa civitatibus a Pompeio, aut bene meritis præmia, ad arbitrium ejus, persolverentur.

XLI. Secutus deinde est consulatus Caii Cæsaris, qui scribenti manum injicit, et quamvis festinantem, in se morari cogit.

Hic nobilissima *Juliorum* genitus familia, et (quod inter omnes antiquissimos constabat) ab Anchise ac Venere deducens genus, forma omnium civium excellentissimus, vigore animi acerrimus, munificentiæ effusissimus, animo super humanam et naturam et fidem evectus, magnitudine cogitationum, celeritate bellandi, patientia periculorum, magno illi Alexandro, sed sobrio, neque iracundo, simillimus; qui denique semper et somno, et cibo in vitam, non in voluptatem uteretur; quum fuisset Caio Mario sanguine conjunctissimus, atque idem Cinnæ gener (cujus *filiam ut repudiaret, nullo modo compelli potuit*; quum Marcus Piso consularis Anniam, quæ Cinnæ uxor fuerat, in Syllæ dimi-

triomphe. Plusieurs hommes puissans s'opposèrent avec eux à ce qu'on remplît, à l'égard des villes, les promesses que Pompée leur avait faites, et qu'on récompensât, comme il le désirait, ceux dont il avait signalé les services.

XLI. Ces événemens furent suivis du consulat de Caius César. Quelque rapide que soit la course de ma plume, César me force de la ralentir [25].

Il était issu de la noble famille des Jules; et, suivant une opinion accréditée depuis long-temps, il tirait son origine de Vénus et d'Anchise. A des avantages extérieurs qui le distinguaient de tous les autres citoyens, il joignait une âme impétueuse et forte. Il était libéral jusqu'à la profusion, et d'un courage au dessus de la nature humaine, et même de l'imagination. Pour la grandeur des pensées, la rapidité des conquêtes, la fermeté dans les périls, il égalait Alexandre; mais Alexandre sobre et maîtrisant sa colère. Il prenait ses repas, il cédait au sommeil, sans en goûter le plaisir, et seulement pour obéir à la nécessité. Allié de très-près à Marius, et gendre de Cinna, jamais on ne put le déterminer à répudier la fille de celui-ci, quoiqu'il fût à peine âgé de dix-huit ans, lorsque Sylla s'empara du pouvoir suprême, et quoiqu'il eût sous les

sisset gratiam), habuissetque fere XVIII annos, eo tempore quo Sylla rerum potitus est; magis ministris Syllæ, adjutoribusque partium, quam ipso, conquirentibus eum ad necem, mutata veste, dissimilemque fortunæ suæ indutus habitum, nocte Urbe elapsus est.

Idem postea admodum juvenis, quum a piratis captus esset, ita se per omne spatium, quo ab iis retentus est, apud eos gessit, ut pariter iis terrori venerationique esset; neque unquam aut nocte aut die (cur enim quod vel maximum est, si narrari verbis speciosis non potest, omittatur?), aut excalcearetur, aut discingeretur; in hoc scilicet, ne, si quando aliquid ex solito variaret, suspectus iis, qui oculis tantummodo eum custodiebant, foret.

XLII. Longum est narrare quid, et quoties ausus sit; quanto opere conata ejus, qui obtinebat Asiam magistratus populi Romani, metu suo destituerit. Illud referatur, documentum tanti mox evasuri viri. Quæ nox eam diem secuta est, qua publica civitatum pecunia redemptus est

yeux l'exemple du consulaire Marcus Pison, qui, pour plaire à Sylla, s'était séparé d'Annia, première femme de Cinna. Pour dérober sa vie, moins au dictateur lui-même, qu'à la poursuite des chefs et des instrumens de sa faction, il s'échappa de Rome, pendant la nuit, sous un habit qui le faisait méconnaître.

Pris, très-jeune encore, par des pirates, il s'en fit craindre et respecter, pendant tout le temps qu'il fut en leur puissance; et comme la difficulté d'exprimer certains détails n'autorise point à les omettre, je dirai qu'il n'arriva jamais à César de détacher sa chaussure, ou sa ceinture, dans la peur que le moindre changement, s'il était remarqué, ne le rendît suspect à des gens qui se contentaient de le garder à vue.

XLII. Je ne dirai pas ici combien il conçut de projets hardis; je ne rappellerai pas les efforts du timide magistrat qui gouvernait l'Asie, pour les faire échouer; ce récit me mènerait trop loin. Mais je ne puis taire un trait qui promettait un grand homme. Dès le soir même du jour où les villes asiatiques eurent payé sa rançon (après qu'il eut contraint les pirates à leur donner des otages), César, de sa seule autorité, rassemblant à la hâte quelques vaisseaux, se dirigea sur le lieu que ces brigands occupaient, mit en fuite

(ita tamen ut cogeret ante obsides a piratis civitatibus dari), privatusque, contracta classe tumultuaria, invectus in eum locum, in quo ipsi prædones erant, partem classis fugavit, partem mersit, aliquot naves, multosque mortales cepit; lætusque nocturnæ expeditionis triumpho, ad suos reversus est; mandatisque custodiæ quos ceperat, in Bithyniam perrexit ad proconsulem Junium (is enim tum Asiam obtinebat), petens, ut auctor fieret sumendi de captivis supplicii. Quod quum ille se facturum negasset, venditurumque captivos dixisset (quippe sequebatur invidia inertiam), incredibili celeritate revectus ad mare, prius quam de ea re ulli proconsulis redderentur epistolæ, omnes quos ceperat, suffixit cruci.

XLIII. Idem mox ad sacerdotium ineundum (quippe absens Pontifex factus erat in Cottæ consularis locum, quum pene puer a Mario Cinnaque flamen Dialis creatus, victoria Syllæ, qui omnia ab iis acta fecerat irrita, amisisset id sacerdotium) festinans in Italiam, ne conspiceretur

une partie de leurs bâtimens, coula l'autre, en emmena quelques-uns, et fit beaucoup de prisonniers. Satisfait de son expédition nocturne et de sa victoire, il rejoignit les siens, prit des mesures pour s'assurer des corsaires qu'il avait en son pouvoir, et courut en Bythinie demander à Junius, alors proconsul d'Asie, l'ordre de faire livrer ces gens au supplice. Le proconsul, également lâche et jaloux, s'y refusa, déclarant qu'il ferait vendre les prisonniers. César ne perdit pas un moment, et son retour fut si prompt, que les pirates furent mis en croix avant qu'on eût pu recevoir une lettre du proconsul.

XLIII. Il sortait à peine de l'enfance, quand il fut désigné prêtre de Jupiter, par Marius et Cinna. Mais Sylla le dépouilla de ce sacerdoce, lorsqu'exerçant les droits de la victoire, il annula tout ce que les vaincus avaient fait. Depuis ce temps, César ayant été nommé, pendant son absence, successeur du consulaire Cotta, dans la

à prædonibus omnia tum obtinentibus maria, et merito jam infestis sibi, quatuor scalmorum navem una cum duobus amicis, decemque servis, ingressus effusissimum Adriatici maris trajecit sinum. Quo quidem in cursu conspectis, ut putabat, piratarum navibus, quum exuisset vestem, alligassetque pugionem ad femur, alterutri se fortunæ parans, mox intellexit frustratum esse visum suum, arborumque ex longinquo ordinem antennarum præbuisse imaginem.

Reliqua ejus acta in Urbe, nobilissimaque Dolabellæ accusatio, et major civitatis in ea favor, quam reis præstari solet : contentionesque civiles cum Quinto Catulo, atque aliis eminentissimis viris celeberrimæ; et ante præturam victus, maximi pontificatus petitione Quintus Catulus, omnium confessione senatus princeps; et restituta in ædilitate, adversante quidem nobilitate, *monumenta Caii Marii; simulque* revocati ad jus dignitatis proscriptorum liberi; et prætura quæsturaque mirabili virtute atque industria obita in

dignité de grand pontife, il se hâta de repasser en Italie; ses fonctions l'y rappelaient. Les pirates, qu'il avait justement irrités, couvraient les mers. Pour leur échapper, il traversa la vaste étendue du golfe Adriatique, sur une barque à quatre rames, accompagné seulement de deux amis et de dix esclaves. Au milieu du trajet, il crut apercevoir leurs vaisseaux. A l'instant même, il se dépouilla de ses habits; et, s'attachant un poignard au côté, il se tint prêt à tout événement. Mais bientôt il reconnut son erreur. Ce qu'il avait pris pour des antennes de navires, n'était qu'une ligne d'arbres qui, de loin, produisait cette illusion.

Parlerai-je de tout ce qu'il fit ensuite à Rome; de la fameuse accusation qu'il éleva contre Dolabella, dans laquelle le peuple se montra plus favorable à celui-ci, qu'il ne l'est ordinairement aux accusés; de ses célèbres débats contre Quintus Catulus, et plusieurs autres personnages éminens, sur des objets d'intérêt public; de la victoire qu'il remporta sur ce même Catulus, qui tenait, sans contredit, le premier rang au sénat, lorsqu'avant sa préture, César concourait avec lui pour la dignité de grand pontife; du rétablissement des trophées de Marius, pendant son édilité, malgré l'opposition de la noblesse; de

Hispania, quum esset quæstor sub Vetere Antistio, avo hujus Veteris, consularis atque pontificis, duorum consularium et sacerdotum patris, viri in tantum boni, in quantum humana simplicitas intelligi potest; quo notiora sunt, minus egent stylo.

XLIV. Hoc igitur consule designato, inter eum, et Cnæum Pompeium, et Marcum Crassum inita potentiæ societas, quæ Urbi orbique terrarum, nec minus diverso cuique tempore, ipsis exitiabilis fuit. Hoc consilium sequendi Pompeius causam habuerat, ut tandem acta in transmarinis provinciis, quibus, ut prædiximus, multi obtrectabant, per Cæsarem confirmarentur consulem. Cæsar autem, quod animadvertebat se, cedendo Pompeii gloriæ, aucturum suam, et invidia communis potentiæ in illum relegata, confirmaturum vires suas; Crassus, ut quem princi-

la réintégration des enfans des proscrits, dans le droit de prétendre aux charges de l'état[26]; de la vigueur et de l'habileté qu'il déploya dans l'exercice de la préture et dans celui de la questure, emploi qu'il remplit en Espagne sous Antistius Vetus, aïeul de ce Vetus aujourd'hui consulaire et pontife, dont les deux fils ont été revêtus du consulat et du sacerdoce, homme de mœurs pures et d'une simplicité qu'on aurait peine à concevoir plus parfaite? Tous ces faits n'ont pas besoin d'être écrits; ils sont assez connus.

XLIV. César était consul désigné, lorsqu'il se fit une ligue entre Pompée, Crassus et lui, pour envahir la puissance; ligue fatale à la république, au monde entier, et qui, dans la suite, les perdit eux-mêmes. Chacun d'eux avait son but. Pompée pensait à profiter du consulat de César et de son autorité, pour obtenir la sanction des actes censurés de son proconsulat au delà des mers. César savait d'avance combien il gagnerait au sacrifice qu'il paraissait faire à la gloire de Pompée; et qu'en rejetant sur lui l'odieux de leur commun pouvoir, il travaillait à l'affermissement du sien. Crassus n'aurait pu seul parvenir au premier rang; il s'étayait de la faveur de l'un et de la force de l'autre.

patum solus assequi non poterat, auctoritate Pompeii, viribus teneret Cæsaris. Affinitas etiam inter Cæsarem Pompeiumque contracta nuptiis. Quippe filiam Caii Cæsaris Cnæus Magnus duxit uxorem.

In hoc consulatu Cæsar legem tulit, *ut ager campanus plebi divideretur*, suasore legis Pompeio. Ita circiter viginti millia civium eo deducta, et jus ab his restitutum post annos circiter CLII, quam bello Punico ab Romanis Capua in formam præfecturæ redacta erat.

Bibulus, collega Cæsaris, quum actiones ejus magis vellet impedire, quàm posset, majore parte anni domi se tenuit; quo facto, dum augere vult invidiam collegæ, auxit potentiam.

Tum Cæsari decretæ in quinquennium Galliæ.

XLV. Per idem tempus Publius Clodius, homo nobilis, disertus, audax, qui neque dicendi, neque faciendi ullum, nisi quem vellet, nosset modum, malorum propositorum exsecutor acer-

TRADUCTIONS

DE

TOUS LES CLASSIQUES

GRECS, LATINS, ITALIENS, ANGLAIS, ESPAGNOLS, ALLEMANDS, etc.

Édition in-trente-deux.

C. L. F. PANCKOUCKE, ÉDITEUR,

RUE DES POITEVINS, N°. 14.

Chaque auteur peut être acquis séparément.

Le prix de chaque volume est de 3 fr., et de 3 fr. 40 c., franc de port.

Les caractères sont fondus par MM. Firmin Didot, qui impriment concurremment avec nous.

La souscription est ouverte chez l'éditeur C. L. F. PANCKOUCKE, rue des Poitevins, n°. 14, et chez tous les libraires de la France et de l'étranger.

État des livraisons publiées jusqu'à ce jour.

Jérusalem délivrée. . . . . 4 vol.
Oberon. 1
Juvénal. 1
Sentences de Publius Syrus. 1
Œuvres de Gœthe. 1
Marilie. 1
Cervantès. 1

www.ingramcontent.com/pod-product-compliance
Ingram Content Group UK Ltd.
Pitfield, Milton Keynes, MK11 3LW, UK
UKHW020323230726
13925UKWH00002B/594

9 782016 187562